SMART MASTERMIND

Smart Working & Remote Working

-

Psicologia del Lavoro e delle Organizzazioni per Team Virtuali, Reti Collaborative e Gruppi Mastermind

EDOARDO
ZELONI MAGELLI

Autore: Psicologo, Imprenditore e Consulente. Edoardo Zeloni Magelli, nato a Prato nel 1984. Nel 2010 subito dopo la laurea in Psicologia del Lavoro e delle Organizzazioni lancia la sua prima startup. Come Businessman è CEO di Zeloni Corporation, azienda di formazione specializzata in Scienze Mentali Applicate al Business. La sua azienda è il punto di riferimento per chiunque voglia realizzare una idea o un progetto. Come scienziato della mente invece è il padre della Psicologia Primordiale e aiuta le persone a potenziare le loro menti nel minor tempo possibile. Amante della musica e dello sport.

UPGRADE YOUR MIND → zelonimagelli.com

UPGRADE YOUR BUSINESS → zeloni.eu

INDICE

Introduzione

Che ci piaccia o no, il futuro del business sarà condotto online, fino a quando funzionerà l'infrastruttura globale della rete Internet. Usando i dati di uno studio di FlexJobs, il lavoro a distanza è esploso negli ultimi due decenni crescendo del 159% dal 2005 al 2017 (Bayern, 2019). Con le interruzioni del posto di lavoro causate dai cambiamenti degli ultimi anni, il numero di lavoratori a distanza in tutto il mondo è quasi triplicato. Usando gli Stati Uniti come esempio, nel picco, il 44% della popolazione americana lavorava a distanza a tempo pieno, in confronto al 17% pre-2019 (Miltz, 2020). Mentre quel numero di picco scendeva man mano che le restrizioni si allentavano e i lavoratori tornavano negli uffici, gli effetti a catena sono stati chiari: il business è cambiato.

Secondo uno studio condotto da Growmotely, il 74% dei lavoratori intervistati, così come il 76% degli imprenditori, concordano sul fatto che lavorare a distanza sarà la nuova normalità (Prossack, 2021). Inoltre, la maggior parte delle persone preferisce lavorare online. Guardando alcune analisi condotte da PMI.it e T-Voice, l'80,74% degli italiani, vorrebbero lavorare a distanza almeno due giorni a settimana e il 76,8% vorrebbe alternare i giorni lavorativi tra ufficio e casa (PMI.it, 2021).

Mentre il cambiamento a volte può essere spaventoso, questo cambiamento (lavorare da casa) non è uno di quelli di cui aver paura. Invece, dovrebbe essere abbracciato. Studi hanno dimostrato che, che tu sia un adulto lavoratore, un imprenditore o un proprietario d'azienda, lavorare da casa non solo abbassa i costi per tutti, ma aumenta anche la produttività. Se abbassa i costi e aumenta la produttività, perché non dovresti voler lavorare da casa online? I lati positivi superano di gran lunga quelli negativi.

Che tu sia il proprietario di un'azienda che sta considerando di spostare la sua attività online, o un dipendente o un imprenditore che si sta preparando per il futuro, c'è molto da imparare sul lavoro online. Se non sei ancora sicuro di cosa comporti esattamente il lavoro a distanza, questo libro ti spiegherà molte cose. Se vuoi sapere come massimizzare la tua efficacia lavorando online, questo libro risponderà anche a queste domande. Se sei curioso di sapere come collaborare con gli altri, creare e gestire i tuoi team virtuali e formare gruppi mastermind, qui troverai tutte le risposte.

Sii all'avanguardia, anticipa il cambiamento e adotta un modello di business online efficiente ed efficace oggi stesso.

Armonia ed Equilibrio tra Online e Offline

Prima di procedere, vorrei chiarire una cosa. Anche se sono a favore del lavoro a distanza e dei business online, rimango un inguaribile romantico amante della cultura e delle tradizioni artigianali e culinarie del passato.

Mentre scrivo, penso alle botteghe storiche delle città, i famosi "negozi di una volta" che stanno scomparendo.

Mi riferisco alle meravigliose botteghe artigianali dove si possono trovare i prodotti tipici e autoctoni del posto, negozi di alimentari e di vicinato, il piccolo commercio, panifici, pasticcerie, fruttivendoli, lattai, salumerie, vinerie, trattorie, osterie, calzolai, cappellai, pelletterie, gioiellerie, fucine di fabbri e laboratori artigianali.

Adesso sto avendo dei ricordi nostalgici, penso alle passeggiate nel centro storico della mia Prato, ma anche delle altre città e borghi medievali della mia Toscana. Se chiudo gli occhi, riesco ancora a sentire in sottofondo delle voci leggiadre provenire da quei vicoli senza tempo che evocano le antiche tradizioni di una volta.

Ricordiamolo. Le botteghe artigianali di un tempo, sono testimonianza della storia, della cultura e della tradizione di una città, la vitalità di un luogo, lo spirito di una città, sono monumenti vivi del passato, un patrimonio culturale unico, sono dei punti di riferimento.

Molto spesso famiglie di artigiani e commercianti si sono tramandate la professione, garantendo alla clientela un alto livello di ricerca e qualità. Solo pochi decenni fa per indicare un luogo dove trovarsi, spesso non si citava una via o una piazza, ma il nome di un qualche negozio che tutti conoscevano per memoria collettiva (Chifari, 2019).

Tremo al pensiero di veder sorgere freddi outlet o luoghi senz'anima dove consumare del cibo spazzatura che prendono il posto delle affascinanti botteghe di una volta. Hai mai contemplato quei favolosi palazzi cinquecenteschi o quelle straordinarie strutture ottocentesche con l'arredamento dei primi del Novecento?

Ti sei mai fermato ad osservare quelle botteghe storiche ultracentenarie che conservano il fascino dei secoli passati, con il loro arredo d'epoca, le antiche insegne, gli infissi, gli affreschi e le pitture sulle volte?

Prima di cominciare a parlare di gruppi mastermind, reti collaborative, team virtuali e di lavoro a distanza, mi inchino. Mi inchino di fronte a tutte le famiglie che per generazioni hanno dato la loro vita per la propria attività, tramandando qualità, arte e cultura.

Grazie alle loro attività, permettono ai centri delle città di conservare la propria memoria storica e con la loro romantica aria d'altri tempi, danno valore alla comunità e al tessuto urbano. Queste attività devono essere tutelate e difese.

L'uomo dovrà essere capace di trovare un equilibrio, la giusta armonia, la giusta alchimia, tra la cultura del passato e l'innovazione e il progresso del futuro. Bisogna saper sfruttare le opportunità che offre l'online, ma allo stesso tempo non dimenticarci di quanta è bella la vita dal vivo rispetto a quella virtuale. Grazie alle opportunità che offre il mondo online, è possibile avere più tempo libero e avere entrate economiche superiori, che ci permettono di godere meglio della bellezza del mondo offline.

Tutti possono sfruttare le opportunità che offre il mondo online, anche le botteghe storiche, che possono far conoscere la propria attività in tutto il mondo, stringere collaborazioni e partnership internazionali, e addirittura "monetizzare" il loro sapere creando dei videocorsi e libri per tramandare la loro cultura e tradizione.

Mi auguro che l'umanità diventi capace di trovare il giusto equilibrio tra le due realtà, con la speranza di veder prosperare tutte le botteghe storiche che ancora oggi svolgono la loro attività.

Dai una Spinta al tuo Business

Come detto, i vantaggi del lavoro a distanza non possono essere sottovalutati e non solo migliorano la vita dei datori di lavoro ma anche dei dipendenti. I dipendenti sono più produttivi quando lavorano dal luogo prescelto per via della mancanza di stress che può manifestarsi sul posto di lavoro o sul tragitto da e verso l'ufficio. Lo stress che spesso si presenta nei luoghi di lavoro si traduce in una produzione più lenta di idee che spesso mancano anche di creatività. Quando questo stress viene eliminato, abbiamo una migliore concentrazione, collaborazione e in generale migliori risultati nei progetti. Un aumento delle capacità mentali dei dipendenti porterà a una migliore comunicazione tra i membri. Il concetto di collaborazione e direzione peer-to-peer può essere il vantaggio di cui il tuo business ha bisogno. Continua a leggere per scoprire come puoi far lavorare i tuoi team in modo "smart"!

Ci sono dei casi in cui il lavoro a distanza può peggiorare la produttività e la comunicazione aziendale. Altri in cui può mettere a rischio la salute psicofisica e danneggiare il cervello. Analizzeremo anche questo in modo che tu possa aumentare la produttività e lavorare a distanza in maniera salutare e profittevole.

1. Smart Working

Gli obiettivi della tua attività possono diventare tortuosi a causa della cultura del lavoro in continuo cambiamento. Pertanto, per recuperare quel vantaggio, la prima cosa che si può implementare è lo smart working. La trasformazione tecnologica che ha inaugurato l'apice dell'era digitale è una forza inarrestabile. Lo smart working o "lavoro agile" può essere definito come un modello di lavoro a distanza che utilizza le sue opportunità per creare un ambiente di lavoro flessibile, collaborativo ed efficiente.

Lo scopo dello smart working è quello di poter dotare i dipendenti delle competenze e degli strumenti che permetteranno loro di essere efficaci ed efficienti. Le competenze e gli strumenti variano e possono includere, ma non sono limitati a, la cultura del lavoro, gli stili di leadership con cui i dipendenti interagiscono, e il tipo di tecnologia e di accesso alle risorse che possono utilizzare.

Il maggior controllo e autonomia che un dipendente può esercitare sui fattori che gli permettono di svolgere il proprio lavoro, crea un ambiente in cui può ottimizzare i suoi sforzi verso i progetti. Quindi lo smart working è un approccio flessibile che si basa sulla fiducia e la responsabilità dei lavoratori che devono rispettare le linee guida aziendali. I dipendenti possono svolgere il lavoro in diversi luoghi e solitamente vengono valutati e gestiti sulla base dei loro risultati.

La tecnologia gioca un ruolo essenziale nello smart working in quanto fornisce flessibilità, che consente la crescita e l'innovazione nelle aziende. Utilizzando lo smart working, un modello di lavoro a distanza che integra le nuove tecnologie con quelle esistenti, si ottiene un lavoro significativo e appagante. L'idea alla base dello smart working è quella di automatizzare il lavoro il più possibile per mantenere la continuità. L'insieme di pratiche che spesso caratterizzano lo smart working sono gli orari flessibili, la posizione, e la capacità di condividere le responsabilità in tempo reale. Questo consente di completare i progetti in modo più efficiente e di mantenere una continuità che a volte si perde quando i team non lavorano insieme fisicamente.

Dati i recenti cambiamenti che stiamo vivendo, il lavoro a distanza è diventato necessario e ha portato i dipendenti a cercare un lavoro significativo che può essere fatto da qualsiasi luogo, questo rende l'utilizzo del modello di business dello smart working uno strumento essenziale.

Questo capitolo affronterà i benefici dello smart working così come gli eventuali svantaggi che possono essere sperimentati da questo modello di lavoro. Inoltre, saranno condivisi consigli su come far funzionare lo smart working per la tua attività.

Fig.1: Strumenti utilizzati nello smart working.

Benefici dello Smart Working

Aumento della Produttività

I dipendenti hanno la flessibilità di decidere quando, dove e come vogliono lavorare, in modo da ottenere il miglior lavoro possibile che possono produrre. Inoltre, dato che le riunioni sono online, sono generalmente più brevi ed efficienti, risparmiando il tempo sia dei manager che dei dipendenti e dando loro più tempo per svolgere altri compiti lavorativi. Usare la tecnologia significa anche evitare interruzioni inutili, che spesso fanno parte della cultura dell'ufficio. Si può rimanere più concentrati perché veniamo preservati dalle distrazioni presenti nel luogo di lavoro, come le voci e i rumori dei colleghi che disturbano.

Miglioramento della Gestione

Ora che gli impiegati sono in grado di gestire il proprio tempo e potenzialmente svolgere il loro miglior lavoro possibile, i manager non passano il tempo ad aleggiare ora dopo ora. Questo crea il tempo per i manager di concentrarsi sull'obiettivo dei progetti piuttosto che semplicemente su coloro che fanno il lavoro. Ora sono in grado di dirigere più chiaramente i loro progetti verso gli obiettivi più importanti dell'azienda.

L'Ambiente

Lo smart working non ha solo un impatto sulle aziende e

sulle persone, ma anche sull'ambiente in generale. Il trasporto, sia individuale che pubblico, causa inquinamento. Con le aziende che usano lo smart working e molti che lavorano da casa, il trasporto è ridotto e quindi anche i livelli di inquinamento. Ridurre inutili spostamenti in auto impatta positivamente sull'ambiente, ed evitare lo stress del traffico fa bene alla salute.

Svantaggi dello Smart Working

Finanze

Sebbene lo smart working può ridurre i costi per l'azienda, a volte può mettere a dura prova le finanze dei dipendenti, a seconda delle loro situazioni di home office. Le aziende risparmieranno sui costi di manutenzione degli spazi fisici. Tuttavia, i dipendenti avranno costi iniziali per i loro nuovi spazi di lavoro domestici. Potrebbero anche sostenere costi aggiuntivi per l'elettricità o l'aumento delle bollette di internet a causa della maggiore velocità di connessione richiesta per il lavoro.

Diminuzione della Produttività

Se non c'è un piano o un programma per come il lavoro deve essere diviso o delle scadenze per gli obiettivi da raggiungere, lo smart working ha il potenziale per essere improduttivo. Questo potrebbe risultare in una situazione in cui la quantità supera la qualità, con i dipendenti che vengono pagati ma i risultati del progetto non si concretizzano.

Inoltre, servirà sviluppare anche la capacità di rimanere concentrati e di resistere alle distrazioni che i dispositivi tecnologici offrono. L'attenzione è potere. Le persone passano il 46,9% delle loro ore di veglia a pensare a qualcosa di diverso da quello che stanno facendo, e questo vagabondaggio mentale le rende generalmente infelici (Bradt, 2010). Il mondo digitale non fa che amplificare questo fenomeno della "disattenzione al qui e ora", mettendoci in contatto con altri mondi e altre persone più o meno lontane (Carciofi, 2017). Le aziende dovranno investire in formazione per aiutare i loro team nella gestione delle distrazioni digitali.

Isolamento

Lo smart working è fatto da postazioni remote e come tali i

colleghi non interagiscono tra loro come farebbero di solito. Ciò potrebbe portare a sentimenti di isolamento dai loro colleghi e causare una perdita di identificazione con l'azienda. Questa perdita di identificazione potrebbe anche isolare i dipendenti dal loro lavoro e distrarli dagli obiettivi del progetto. Questo potrebbe anche risultare in una diminuzione della produttività e in un lavoro potenzialmente inferiore alla media.

Iperconnessione, Workaholism e Sindrome da Burnout

Molte persone che lavorano in smart working sviluppano una iperconnessione, sentono un bisogno eccessivo di rimanere costantemente connessi a internet per svolgere il proprio lavoro. Si sentono obbligati a essere sempre disponibili in qualsiasi momento della giornata e con il tempo diventano incapaci di disconnettersi da internet.

Nella maggior parte dei casi non si accorgono del tempo che scorre, si distaccano dal mondo reale e finiscono con il lavorare più del dovuto. Questo lavoro eccessivo spesso è causa di stress psicofisici. È ormai dimostrato che i dispositivi mobili possono aumentare i livelli di stress.

In casi più estremi si possono sviluppare delle dipendenze da lavoro come il workaholism (unione delle parole work e alcoholism), "la compulsione o il bisogno irrefrenabile di lavorare incessantemente" (Oates, 1971), una dipendenza dalla propria attività lavorativa.[1]

1. Quali sono le differenze tra il coinvolgimento lavorativo (work engagement), la dipendenza da lavoro (work addiction) e il workaholism? Entrambi i termini possono essere rappresentati, rispettivamente, come la forma patologica e la forma sana del pesante investimento lavorativo (Di Stefano & Gaudiino, 2019).

Questi termini non sono ancora chiaramente e adeguatamente distinti da studiosi e ricercatori in quanto sembrano mostrare alcune caratteristiche sovrapposte. Sono forme di lavoro eccessivo, e vengono usati spesso in modo intercambiabile in letteratura. Anche se workaholism e work addiction si sovrappongono in qualche punto, alcune componenti del loro significato potrebbero differire (Griffiths et al., 2018).

È stato proposto da alcuni autori che la dipendenza da lavoro (work addiction) sia un costrutto psicologico, mentre il workaholism è un termine più generico che indica un comportamento quotidiano legato al lavoro piuttosto che una patologia (Clark et al., 2020; Griffiths et al., 2018). È possibile districare le differenze tra workaholism e work addiction facendo attenzione non solo alla loro composizione, ma anche ai fattori che li determinano (Morkevičiūtė & Endriulaitiene, 2021).

In teoria lavorare di più dovrebbe portare a una maggiore

produttività, ma le ricerche in psicologia e medicina dimostrano il contrario (Carciofi, 2017). Esiste una correlazione positiva tra l'aumento delle ore lavorative e l'aumento di problemi legati a cefalea, insonnia e sindrome da burnout.

Il bornout è una sindrome psicologica da stress lavorativo, uno stato di depersonalizzazione, derealizzazione personale e di esaurimento sul piano emotivo, fisico e mentale. Lo stress da lavoro naturalmente abbassa le difese immunitarie e aumenta il rischio di malattie cardiache, ipertensione, obesità, diabete e cancro.

Fig.2: Gli svantaggi dello smart working possono includere una diminuzione della motivazione e della produttività.

Stare online tutto il tempo è dannoso. Molte persone cominciano a mostrare dei comportamenti ossessivi e patologici, come controllare le caselle e-mail tutto il giorno o prendere in mano continuamente lo smartphone per controllare notifiche e cosa succede sui social network. Chi lavora di sera sui dispositivi tecnologici rischia anche di alterare il ritmo circadiano del sonno.

Però vorrei sottolineare che il problema non è lo smart working, ma è come si lavora in smart working. Quindi, ribadisco ancora l'importanza della formazione aziendale. Le aziende dovranno investire in formazione per insegnare ai loro team come si lavora in smart working.

Suggerimenti per lo Smart Working

Lo smart working si basa sul mondo virtuale e può essere difficile abituarsi a questo. Tuttavia, trattare la flessibilità e la virtualità di default garantirà che questa sia la base della cultura aziendale. Il risultato sarà uno smart working efficiente ed efficace. Inoltre, quando si assegnano i compiti, dovrebbe essere presa in considerazione la **flessibilità** offerta ai dipendenti. Questo significa creare progetti che possono essere svolti utilizzando le competenze di tutto il team e assicurarsi che tutti i dipendenti stiano utilizzando il modello dello smart working.

Il modello dello smart working ha le sua fondamenta nella **fiducia**, e il management dovrebbe dimostrarlo permettendo ai dipendenti di lavorare senza un costante aleggiare o un bombardamento di riunioni online. Piuttosto, controllare quando necessario e avere delle **scadenze realistiche** promuoverà una cultura della fiducia e si tradurrà in migliori risultati nei progetti. Questo strumento consente ai manager di giudicare la qualità di un dipendente in base al lavoro che fa, piuttosto che la sua presenza o il suo "farsi vedere" in ufficio.

Per assicurarsi che il modello dello smart working venga utilizzato al massimo delle sue potenzialità, i manager dovrebbero tenere d'occhio gli eventuali problemi che potrebbero sorgere. I manager dovranno usare le loro **capacità comunicative e relazionali e qualità umane.** Le soluzioni dovrebbero essere trovate attraverso una comunicazione onesta e aperta tra i dipendenti e il management. Questo permetterà allo smart working di continuare e di costruire la base di fiducia necessaria affinché i dipendenti abbiano flessibilità.

A volte sarà molto importante anche creare delle situazioni per **riunire tutto il team dal vivo.** La combinazione della esperienza in ufficio e quella digitale, da maggiori possibilità all'azienda di essere efficace. Anche se a distanza, è buona norma prendere dei "caffè digitali" per **mantenere il contatto con le persone.** Questo è fondamentale, è un modo per portare avanti le "vecchie chiaccherate in ufficio".

Dare fiducia alle persone è fondamentale, così come assicurarsi di dare tutti gli strumenti necessari ai dipendenti per svolgere il loro lavoro al meglio.

Quindi, dal punto di vista tecnologico è necessario fare un bel **checkup dell'azienda:**

- *Sei confidente che tutte le persone coinvolte in azienda hanno una esperienza da casa che consente di avere – sia dal punto di vista delle applicazioni, software, processi, fatturazione, l'ingaggio con i clienti, comunicazione – la medesima esperienza che si ha in ufficio?*

- *I processi e i sistemi dell'azienda sono in sicurezza?*

- *Come si può garantire a questa esperienza una accelerazione dell'innovazione in tutte le cose che si fanno?*

L'azienda dovrebbe occuparsi di fornire tutte le

informazioni e gli strumenti necessari per aiutare a sfruttare questa modalità lavorativa e più volte ho parlato di offrire dei corsi di formazione specifici.

Inoltre, chi lavora in smart working dovrà:

- *Sviluppare la competenza di lavorare in smart working. Ci sono persone già pronte per farlo, altre sono meno capaci. Ci vuole tempo per imparare.*

- *Creare un ambiente dove si sta bene. Stare bene nella propria casa è molto importante. Sei ti trovi in un ambiente dove stai bene riesci ad affrontare tutti i problemi lavorativi con una miglior attitudine.*

- *Abituarsi al fatto che si viene giudicati in base ai risultati. Molte persone sono abituate a intendere il lavoro come una serie di sforzi e attività che si fanno che prescindono dai risultati. Serve prestare meno attenzione alle attività svolte e concentrarsi di più sui risultati ottenuti.*

- *Capire che lavorando in smart working non si "compete" più con figure professionali della propria città, ma con persone di tutto il mondo. Si diventa facilmente sostituibili. Per questo bisogna essere bravi in quel che si fa, bisogna essere talmente bravi da essere "insostituibili".*

- *Sviluppare autodisciplina, senso di responsabilità e diventare bravo a motivarsi.*

- *Sviluppare delle grandi capacità organizzative per trovare il giusto equilibrio tra la sfera lavorativa e la vita privata. Quindi diventare bravi a delineare un confine tra la vita privata e quella lavorativa. Può aiutare darsi degli orari precisi, rispettare un programma e avere un calendario.*

- *Saper concedersi delle pause ma senza eccedere.*

Il management dovrà tenere conto che:

- *Licenziare diventa più facile e meno traumatico, perché mancando un rapporto dal vivo, si sviluppano relazioni meno profonde.*

- *È importante capire quando è il momento di tenere alto il morale della squadra e motivarla.*

- *Se si hanno persone nel team sparse per il mondo è importante considerare il fuso orario quando si programmano le riunioni e le scadenze lavorative.*

Se il management si accorge che con lo smart working tutto il team abbassa la produttività allora c'è un problema a monte nella selezione del personale. Se sono state assunte persone che lavorano solo per uno stipendio a fine mese, ci si dovrà comportare diversamente. La maggior parte delle persone lavora solo per portare uno stipendio a casa, non fa il lavoro che ama fare. Fa quel lavoro perché non ha altre alternative.

Le aziende devono capire che è importante assumere le persone in base ai loro valori: i valori delle persone devono essere allineati ai valori aziendali. Ma qui andiamo a toccare altri temi, che esulano da questo libro.

Per maggiori informazioni su altre tematiche fondamentali di business per ottenere i massimi profitti potrai usufruire dei corsi di formazione di Zeloni Corporation, la mia azienda di formazione dedicata alle Scienze Mentali Applicate al Business. Troverai tanti altri corsi anche sulla nostra piattaforma Business Galaxy.

zeloni.eu

businessgalaxy.training

Un altro suggerimento importante che sento di darti riguarda l'isolamento. Il tempo che si guadagna a lavorare da casa online, può essere speso per incontrare amici dal vivo e giocare con loro. Il problema dell'isolamento nello smart working spesso è un falso problema frutto di una visione approssimativa, incompleta e superficiale della realtà; perché se lavorare in smart working ti fa essere più "isolato dai colleghi" ma più "vicino ai tuoi veri amici", non esiste il problema dell'isolamento. Questo dipende da come spendi il tempo che hai risparmiato.

Dobbiamo ricordarci anche che abbiamo un diritto alla disconnessione da Internet. Stare online tutto il tempo è sbagliato. La vita non è solo lavoro! Staccare dalla tecnologia è fondamentale, è importante per non perdere il contatto con la realtà.

Quindi dobbiamo essere bravi a bilanciare il lavoro online con la vita reale, dobbiamo ritagliarci degli spazi per la riflessione, per meditare, per pensare e per contemplare quello che ci circonda. Sono tutti processi fondamentali per rimanere connessi con noi stessi e per mantenere una consapevolezza di sé stesso. Quindi, uscire dagli ambienti artificiali per stare a contatto con la natura, respirare all'aria aperta, dedicare del tempo per fare attività fisica e trovare del tempo per mangiare con calma e tranquillità, senza fretta. Corpo, Mente e Spirito ne trarranno grandi benefici.

2. Remote Working

Ora che abbiamo capito cos'è lo smart working e come integrarlo con gli attuali modelli di business, è il momento di discutere del lavoro da remoto. Ha guadagnato popolarità di recente e gli studi hanno dimostrato che la preferenza per il lavoro da remoto è solo in aumento (PMI.it, 2021). Tuttavia, prima di andare oltre, è meglio capire cosa sia esattamente il lavoro da remoto.

Se vuoi operare con un modello di business online, ciò implica la necessità di avere un sistema in cui tutti possano lavorano a distanza. Il lavoro da remoto, noto anche come telelavoro o lavoro da casa (WFH Working of Home), è la pratica dei dipendenti che lavorano da un luogo di loro scelta piuttosto che fare i pendolari in un luogo centralizzato come un edificio per uffici. Sebbene WFH può essere il nome più comune per il lavoro a distanza, da qui in poi questo libro userà solo il termine remote working o lavoro da remoto. La ragione è che il remote working può avvenire ovunque, non è limitato alla casa, e quindi lavoro da remoto è il nome più accurato. E bisogna anche stare attenti a non confonderlo con il telelavoro, che spesso ha la stessa rigidità oraria degli uffici aziendali.

Il remote working si basa interamente sui dipendenti che lavorano lontano dall'ufficio e, a differenza dello smart working, non dipende da una particolare cultura aziendale. È diventato un'opportunità attraente per i liberi professionisti, i lavoratori temporanei e le agenzie, perché si basa sulla qualità del tuo lavoro e offre la massima flessibilità in termini di orari. Per informare sull'argomento, verranno trattati i vantaggi e gli svantaggi di questo modello, oltre ad alcuni consigli su come migliorare le prestazioni.

Benefici del Remote Working

Flessibilità e Libertà

Il vantaggio più evidente del lavoro da remoto è che i dipendenti hanno la libertà e la flessibilità di impostare i propri orari. Quando i dipendenti possono lavorare in base ai loro orari, decidono quando il lavoro viene svolto, permettendo loro di impostare gli orari che massimizzano la produttività. Questo può alleviare un po' dalla pressione che deriva dall'avere un orario prestabilito e che ruota intorno al pendolarismo, alla cultura d'ufficio e alla presenza costante di un manager quando si tratta di rispettare le scadenze.

Miglioramento della Salute Mentale

Esistono sempre situazioni di stress, sia che il tuo lavoro ti piaccia o no. L'impatto che il lavoro può avere sulla salute mentale dei tuoi dipendenti potrebbe essere dannoso per la tua azienda. Il pendolarismo per lavoro ha un grandissimo impatto sulla salute mentale di una persona (Reynolds, n.d.). Con il lavoro da remoto, i vostri dipendenti non dovranno fare i pendolari, rimuovendo così questo stress dalle loro vite. La loro salute mentale generale migliorerà con la mancanza di stress, aumentando la loro potenziale produttività quando potranno lavorare da un luogo di loro scelta.

Lavorare da casa riduce anche altri fattori di stress legati al lavoro che includono, ma non sono limitati a, la politica dell'ufficio o anche i colleghi che possono interrompere il flusso di lavoro. Il lavoro a distanza rimuove queste distrazioni e permette al dipendente di creare il proprio spazio di lavoro sicuro e confortevole in cui poter prosperare.

Riduzione dei Costi

Il lavoro da remoto riduce i costi sia per i dipendenti che per i datori di lavoro. I dipendenti possono risparmiare sui costi del pendolarismo ogni giorno, ora che lavorano da casa. Inoltre, sono in grado di risparmiare sui costi di assistenza all'infanzia grazie alla flessibilità dei loro orari di lavoro che consente loro di stabilire le priorità in modo diverso. Ciò non ha alcun impatto sull'azienda, perché quando i dipendenti possono scegliere le variabili che influenzano il loro lavoro, le struttureranno per massimizzare la produttività in quantità minori di tempo. Anche i datori di lavoro ne beneficiano, dato che non devono pagare per un edificio costoso e per eventuali costi aggiuntivi come le bollette dell'acqua e dell'elettricità.

Lavorare da Qualsiasi Luogo

Un altro vantaggio del lavoro da remoto è che le persone possono lavorare da qualsiasi luogo. Quando l'azienda non è vincolata da un luogo fisico, può assumere persone da qualsiasi parte del mondo. Questo ha il potenziale di aumentare drasticamente la dimensione del bacino di lavoro qualificato. Ha anche il potenziale di avere un impatto sulle comunità in difficoltà o che sono state tradizionalmente classificate come classi inferiori. Con la possibilità di scegliere la propria posizione, coloro che si trovano in aree rurali o sottosviluppate sono in grado di essere coinvolti in un lavoro che li fa sentire appagati e che ha un impatto su coloro che non sono vicini a loro. Questo permetterà alle comunità di sperimentare un cambiamento sia economico che sociale, aumentando così non solo l'impatto di un'azienda, ma anche quello della comunità.

Incremento della Produttività

Il lavoro da remoto permette un orario flessibile che consente ai dipendenti di lavorare quando vogliono. Questo aumenterà la produttività perché i dipendenti lavoreranno quando sono meglio in grado di farlo. Inoltre, i dipendenti vorranno generalmente lavorare il più breve tempo possibile, pur continuando a produrre risultati. Ciò consente di completare il lavoro nell'arco delle 24 ore da vari luoghi, il che significa che gli obiettivi di un'azienda vengono costantemente raggiunti.

Il fatto di non dover raggiungere quotidianamente l'ufficio offre dei vantaggi sia in termini di tempo risparmiato che di riduzione dello stress. Entrambi questi fattori contribuiscono ad un incremento della produttività.

Fig. 3: Il remote working permette ai dipendenti di scegliere la loro postazione di lavoro.

Svantaggi del Remote Working

Disconnessione dei Dipendenti

Tuttavia, ci sono anche alcuni svantaggi nel modello di lavoro da remoto che dovrebbero essere notati. Lavorare da casa può anche portare a una sensazione di isolamento nei dipendenti e a una disconnessione tra dipendente e datore di lavoro. Quando le persone non si vedono tutti i giorni, può essere difficile sentirsi parte della stessa squadra. Inoltre, la mancanza di presenza può avere un impatto sui dipendenti, se non sentono di avere abbastanza interazione con i loro manager, potrebbero ostacolare la loro crescita professionale. Questo può portare a sentimenti di esitazione a unirsi a un'azienda che ha un modello di lavoro da remoto.

Squilibrio Lavoro/Vita

L'equilibrio tra lavoro e vita personale può essere difficile anche quando non si lavora a distanza. Quando si lavora da remoto c'è la possibilità che i confini tra i due diventino confusi e che si verifichi uno squilibrio. Quando la tua casa è il luogo in cui lavori è facile iniziare a lavorare troppo perché desideri semplicemente che i compiti siano completati, indipendentemente dal fatto che tu sia in servizio. La mancanza di un confine fisico tra il luogo in cui si lavora e quello in cui si trascorre il tempo libero potrebbe indicare che non esiste alcun confine e far sì che i dipendenti si sentano separati dal loro tempo libero.

Distrazioni

Sebbene il remote working consente ai dipendenti di creare la loro migliore postazione di lavoro possibile, spesso questo significa la casa del dipendente. Poiché questo è uno spazio personale, ci sono molte sovrapposizioni tra la vita personale e la vita lavorativa e questo può essere travolgente per i dipendenti e distrarli dal compito a portata di mano.

Cultura del Lavoro Sconvolta

Con i dipendenti che lavorano da remoto c'è una diminuzione delle interazioni fisiche tra colleghi. Questo può avere un impatto sulle relazioni che si formano tra i dipendenti e i membri del team o meglio sulla loro mancanza. Nonostante ci siano strumenti e tecnologie che permettono al lavoro di essere efficace, non favorisce le relazioni e questo potrebbe avere un impatto sulla cultura del lavoro. Senza i legami che si formano tra i colleghi e i manager con i loro dipendenti, la produttività del lavoro potrebbe essere limitata.

Suggerimenti per il Remote Working

Sebbene gli svantaggi del lavoro da remoto possono sembrare tediosi, ecco alcuni consigli per far funzionare il modello del remote working per la tua azienda. Incoraggia i dipendenti a creare uno **spazio confortevole** e un'area predisposta specificamente per il lavoro. La creazione di uno spazio di lavoro dedicato, anche se a casa, traccerà un confine per il lavoro così come un'area priva di distrazioni; consentirà ai dipendenti di lavorare in modo produttivo e di mantenere un equilibrio tra lavoro e vita privata.

Crea un programma coerente e pianificato per il lavoro a distanza. Questo implica **definire i compiti** e fissare scadenze realistiche in modo che i dipendenti siano in grado di svolgere il lavoro senza sentirsi sopraffatti. È importante disporre di processi che siano allineati con il lavoro a distanza, in modo che le riunioni online abbiano ancora un peso e i dipendenti si sentano convalidati nel loro lavoro. Oltre a un programma, la **comunicazione** è fondamentale. Un aspetto essenziale del lavoro da remoto è la capacità dei colleghi, dei dirigenti e dei dipendenti di comunicare tra loro. In alcuni casi, la sovracomunicazione è consigliata perché è meglio per tutti sapere troppo che non abbastanza. Anche questo aiuterà ad alleviare il senso di isolamento o la mancanza di relazioni che possono essere caratteristiche del lavoro a distanza. La comunicazione aiuterà anche a raggiungere gli obiettivi e a rimanere sul compito per raggiungere gli obiettivi dell'azienda.

Fig. 4: La comunicazione è fondamentale in un modello di lavoro a distanza di successo.

Infine, è importante incoraggiare i dipendenti a fare delle pause. È facile sovraccaricarsi di lavoro quando si lavora da remoto, perché si vuole continuare a completare i compiti. Tuttavia, per mantenere una produttività costante, le pause sono necessarie. Questo aiuterà anche a mantenere un buon equilibrio tra lavoro e vita privata e consentirà a tutti di sentirsi complessivamente meglio, permettendo così al modello di lavoro da remoto di avere successo.

Come Fare una Pausa Efficace (ed Essere più Produttivi)

Quando il lavoro si intensifica si tende a lavorare più del dovuto spingendo al limite il nostro corpo e la nostra mente. Il problema è che senza alcuna pausa rigenerante per ricaricare le nostre energie, siamo meno efficienti, si fanno più errori e abbassiamo la nostra produttività.

Il nostro corpo va ascoltato, spesso ci manda dei segnali che abbiamo bisogno di una pausa. Dobbiamo imparare a rispettare i ritmi naturali del nostro organismo, che entra in modo naturale in "pausa" molte volte al giorno per regolare il nostro sistema psicofisico.

In questi momenti di pausa, dobbiamo mettere il mondo esterno in attesa. Non è un caso che il significato originario di "attendere" sia "rivolger l'animo a". Ogni pausa diventa una opportunità per prendersi cura di sé stessi. Dobbiamo rivolgere il faro dell'attenzione dal mondo esteriore al mondo interiore.

Senza questi momenti rigeneranti, non ci può essere produttività estrema. L'errore che fanno in tanti è sacrificare il riposo in nome della produttività. Ma lavorare tanto, non sempre equivale a produrre risultati importanti. Il riposo è una delle chiavi per essere super produttivi. Quando manca il riposo o questo è di scarsa qualità, produttività e creatività subiscono un drastico calo.

Invece di programmare il tuo riposo in base al tuo lavoro, dovresti imparare a gestire il tuo lavoro intorno al riposo, e la buona notizia è che lo smart working e il remote working ti consentono di fare questo. Impara ad organizzarti, pianifica il tuo riposo e i momenti di relax in anticipo, e aggiungi gli impegni lavorativi intorno ai tuoi momenti sacri. Vivrai la giornata con maggiore gioia e questo ti consentirà di ricaricare le tue batterie fisiche, mentali ed emotive.

Ma oltre al riposo e ai momenti di relax, sono importanti anche le piccole pause lavorative. Le ricerche sull'alternanza lavoro-riposo per avere un rendimento migliore convergono sul fatto che l'organismo ha bisogno di una pausa ogni 90–120 minuti (Carciofi, 2017).

La pausa deve rappresentare una vera e propria interruzione di ciò che stai facendo. Ci deve essere un cambiamento drastico che favorisca l'esperienza dell'interruzione. Bisogna interrompere ciò che si stava facendo e dedicarsi a qualcosa di completamente diverso, quindi bisogna fare il contrario di ciò che stavamo facendo al lavoro:

- *se sei stato seduto tutto il tempo, fai due passi, fai un po' di movimento o fai stretching.*

- *se hai dovuto parlare in riunione, passa dei momenti in silenzio.*

- *se hai lavorato tutto il tempo in silenzio, comincia a parlare o metti un po' di musica.*

- *se hai lavorato online, la pausa deve essere offline.*

- *se hai lavorato al chiuso, esci, prendi un po' di sole e respira aria fresca.*

Ecco cosa non devi fare in pausa:

- *se stavi scrivendo al computer, non metterti a leggere qualcosa. Attento con l'eccesso di informazioni!*

- *se hai lavorato al computer, non controllare le e-mail o i social network.*

- *non mangiare cibo spazzatura, o cibi con eccessi di zuccheri che in seguito portano ad un calo di energie.*

- *non attaccarti allo smartphone come un drogato in cerca di dopamina.*

Ti ricordi che devi spostare il faro dell'attenzione dal mondo esteriore verso il mondo interiore? Goditi la pausa senza la tecnologia! Tutte le volte che decidi di concederti una pausa di qualità, ti stai prendendo cura di te stesso.

Come Aumentare la Produttività

Per prima cosa al mattino, lavora sul tuo compito più importante. Immergiti nel compito ed elimina le distrazioni. Divertiti nel processo. Non fare nient'altro fino a quando non lo hai terminato. Concediti una breve pausa e poi inizia con la tua prossima attività più importante.

È utile creare blocchi di tempo focalizzati per aumentare la produttività. Un blocco focalizzato è un intervallo di tempo dedicato che si mette da parte per lavorare su un compito. Quando si lavora su un compito in un blocco di tempo, bisogna spengere tutte le altre distrazioni.

In base al tipo di lavoro che stai svolgendo e dalla concentrazione richiesta, potrai creare dei blocchi focalizzati da 90, 50 o 25 minuti. Ad esempio:

- *90 minuti + 20 minuti di pausa*

- *50 minuti + 10 minuti di pausa*

- *25 minuti + 5 minuti di pausa*

I blocchi da 50 sono consigliati perché dopo i 40-45 minuti c'è un calo fisiologico sia della ritenzione delle informazioni, sia di energia e, quindi di produttività (Formisano, 2016). Ma a volte possiamo essere più performanti con i 90, altre invece con i 25. Questo dipende anche se è mattina o pomeriggio. L'importante è fare una pausa poco prima che arrivi il calo fisiologico.

Quindi, abituati fin da oggi a pianificare il tuo lavoro, fissare delle priorità e poi dedicarti al compito più importante. Focalizzati unicamente su di esso e non fare nient'altro fino a quando non lo hai terminato.

Questo significa lavorare in modalità "monofocalizzata". Selezionare un compito, iniziare a lavorarci e imporsi di portarlo a termine prima di passare al compito successivo.

La Monofocalizzazione

Questo principio è stato reso noto dall'esperto di gestione del tempo Alan Lakein, i suoi studi hanno rivelato che ogni volta che metti da parte un lavoro e ti dedichi a qualcos'altro, perdi slancio e ritmo, ma non solo: perdi anche per così dire il segno (Tracy, 2015).

Quando lo riprendi, ti toccherà rivedere il lavoro svolto per riprendere il segno e questo processo può richiedere fino al 500% del tempo che servirebbe a completare un lavoro se lo svolgessi dall'inizio alla fine. Anche Brian Tracy supporta il principio della monofocalizzazione che può ridurre dell'80% il tempo necessario per portare a termine un lavoro importante e migliorarne sensibilmente la qualità (Tracy, 2015).

Aumentare la Concentrazione

Se siamo in grado di aumentare la nostra concentrazione, possiamo aumentare la nostra produttività. Rimanere concentrati è molto importante. Come ci ha detto Earl Nightingale, tutte le grandi realizzazioni della vita sono precedute da un lungo periodo ininterrotto di concentrazione.

Daniel Goleman ci dice che la nostra attenzione non è come un palloncino che si può espandere per inglobare più cose per volta, ma può essere paragonata piuttosto a un sottile tubo, che può condurre un liquido in un'unica direzione: anziché suddividerla fra due attività, oscilliamo con rapidità tra le due, un passaggio che comporta comunque un indebolimento rispetto alla concentrazione piena.

Quando ci mettiamo al lavoro sul nostro compito più importante, dobbiamo essere in grado di perseverare senza lasciarsi distrarre da nulla e da nessuno.

"La concentrazione è questione di decidere quali cose non fare."

John Carmack

Se c'è una cosa da evitare, è il multitasking, che non è nient'altro che un "task-shifting", il passaggio continuo da un lavoro all'altro. Questo è uno spreco inutile di energie. Molti pensano che il multitasking sia qualcosa di efficace, ma il multitasking non è né efficiente né efficace; Leo Babauta ci fa notare che è meno efficiente, a causa della necessità di cambiare marcia per ogni nuova attività e poi tornare indietro. Il multitasking è più complicato e quindi ti lascia più incline allo stress e agli errori (Babauta, 2009). È stato rilevato anche che le persone più stressate in ambienti multitasking usano più rabbia nelle loro email (Akbar et al., 2019).

Il multitasking ha effetti negativi. Studi ormai hanno dimostrato che gli essere umani effettivamente possono fare due cose o più cose insieme, per esempio camminare e parlare, mangiare qualcosa e leggere; ma non possiamo concentrarci su due cose contemporaneamente (Keller, 2018).

"Fare due cosa alla volta è come non farne nessuna."

Publilio Sirio

Se cercate di fare due cose alla volta, non ve ne riuscirà bene nessuna. Come ha detto Steve Uzzell, il multitasking è semplicemente l'opportunità di incasinare più di una cosa alla volta.

Il fatto è che il nostro cervello non è progettato per funzionare in questo modo. Le ricerche condotte presso la Stanford University mostrano che le persone che svolgono più compiti sono in realtà meno produttive di quelle che non lo fanno e sono nettamente peggiori nel passare da un determinato compito a un altro (Bradberry, n.d.). La loro qualità del lavoro è, di conseguenza, molto inferiore rispetto a coloro che rifiutano il multitasking. Quel che è peggio è che il multitasking effettivamente riduce la produttività nel tempo (Zeloni Magelli, 2020).

Dal punto di vista biologico, questo ha senso dal momento che stai indebolendo costantemente il tuo cervello nel tempo e non puoi aspettarti che sia in grado di tenere il passo (Zeloni Magelli, 2020). Il deterioramento cognitivo da multitasking non è temporaneo. I ricercatori dell'Università del Sussex nel Regno Unito hanno confrontato la quantità di tempo che le persone passano su più dispositivi (come mandare messaggi mentre guardano la TV) con le scansioni MRI dei loro cervelli. Hanno scoperto che gli alti multitasker avevano meno densità cerebrale nella corteccia cingolata anteriore, una regione responsabile dell'empatia e del controllo cognitivo ed emotivo (Bradberry, n.d.).

L'autore principale di questo studio - Il neuroscienziato Kep Kee Loh - ci avverte: "Sento che è importante creare la consapevolezza che il modo in cui stiamo interagendo con i dispositivi potrebbe cambiare il nostro modo di pensare e questi cambiamenti potrebbero avvenire a livello della struttura del cervello".

Viviamo in un mondo multitasking. Come sostiene Gary Keller, non dipende dal fatto che abbiamo troppo poco tempo per fare tutte le cose che vanno fatte, è che sentiamo la necessità di fare troppe cose nel tempo che abbiamo. Il risultato netto è una bassa qualità del lavoro che aumenta solo il numero di cose che devi fare, l'esatto contrario di quello che era l'obiettivo primario.

Tutto questo è causa di stress, e il sistema immunitario si indebolisce. Inoltre lo stress abbassa i nostri livelli energetici, quando abbiamo poca energia la nostra concentrazione sparisce, e la produttività sprofonda.

La concentrazione è lo strumento più importante per diventare più efficaci. Cerca di rimanere concentrato sul compito che stai facendo. Focalizzati sul momento presente. Concentrarsi sul presente può fare molto per te. Aiuta a ridurre lo stress. Ti aiuta a goderti la vita al massimo e ad aumentare la tua efficacia (Babauta, 2009).

"Con il passato non ho niente a che fare; né con il futuro.
Io vivo ora."

Ralph Waldo Emerson

La Gestione delle Email

Poiché molto tempo produttivo viene sprecato nella

gestione delle email, è importante affrontare questo argomento. Gli ambienti di lavoro sono caratterizzati da frequenti interruzioni che possono portare allo stress. Tuttavia, le misure di stress dovute alle interruzioni non provengono principalmente da altre persone, bensì sono tipicamente ottenute attraverso auto-rapporti, che possono essere influenzati dalla memoria e dalle distorsioni emotive (Akbar et al., 2019).

Una delle principali fonti di interruzioni sul posto di lavoro è la posta elettronica. Studi hanno scoperto che più lungo è il tempo giornaliero trascorso sulle e-mail, più bassa è la produttività percepita e più alto è lo stress rilevato (Mark et al., 2016), e che l'aumento della produttività e la diminuzione dello stress possono essere raggiunti limitando la quantità di accessi alla email, gestendo le dimensioni della casella di posta e utilizzando un buon galateo per la posta elettronica (Armstrong, 2017).

Inoltre è stato rilevato che l'uso intensivo delle e-mail può danneggiare la capacità di concentrazione, può aumentare la dimenticanza e l'incapacità di risolvere i problemi sul lavoro in modo efficace (Franssila et al., 2014) e che il sovraccarico di e-mail può generare il cosiddetto "tecnostress", cioè l'incapacità di far fronte alle tecnologie dell'informazione e della comunicazione che può provocare stress e burnout (Lowrie, 2019).[2]

2. Il Tecnostress si basa sul concetto fondamentale di stress (Brod, 1984) che comprende: (1) lo stato interno dell'organismo (o strain); (2) un evento esterno (o stressor); e (3) un'esperienza che nasce da una transazione in corso tra una persona e l'ambiente. Questo è ulteriormente derivato dallo stress generale sul posto di lavoro, che è considerato come le risposte fisiche ed emotive dannose che si verificano quando i requisiti del lavoro non corrispondono alle capacità, risorse e necessità del lavoratore (Bondanini et al. 2020).

È stato definito come ogni conseguenza negativa che abbia effetto su attitudini, pensieri, comportamenti o fisiologia del corpo che è causato direttamente o indirettamente dalla tecnologia (Weil & Rosen, 1997) e anche come lo stress che gli utenti sperimentano come risultato dell'applicazione del multitasking, della connettività costante, del sovraccarico di informazioni, dei frequenti aggiornamenti del sistema e della conseguente incertezza, del continuo riapprendimento e delle conseguenti insicurezze sul lavoro, e dei problemi tecnici associati all'uso organizzativo delle ICT (Tarafdar et al. 2010).

Il tecnostress influenza la soddisfazione sul lavoro, l'impegno organizzativo e i risultati dei dipendenti; viene considerato anche come uno stato psicologico negativo legato all'uso (o abuso) attuale o futuro della tecnologia (Salanova et al. 2014) che ha un grande impatto sociale nelle nostre vite. Infatti studiosi sottolineano che la tecnologia potrebbe essere una minaccia al nostro set di norme e modelli di comportamento stabiliti che ci rendono adattivi nel nostro ambiente, e quindi porta reazioni emotive negative, ansia e paura. Questa ambivalenza è espressa da tecnofobia (rifiuto e/o evitamento della tecnologia) e tecnofilia (attrazione e adozione entusiasta della tecnologia) (Bondanini et al. 2020; Martínez-Córcoles, 2017).

Nonostante i suoi benefici sia per le organizzazioni che per i lavoratori, il lavoro a distanza comporta conseguenze negative, come il tecnostress (Molino et al. 2020).

Un gruppo di ricercatori (Molino et al. 2020) fa notare che le richieste ai lavoratori e i livelli di carico di lavoro devono essere monitorati da supervisori e manager. La pratica lavorativa "always on", incoraggiata dal lavoro a distanza, sfida i dipendenti in termini di fatica mentale e fisica. A causa delle caratteristiche del lavoro da remoto, che è principalmente un'attività a domicilio, le richieste organizzative tendono a superare il normale orario di lavoro e il normale carico di lavoro con conseguenze non discutibili per la performance e il benessere individuale e organizzativo (Molino et al. 2020).

A proposito di un buon **galateo per la posta elettronica**, Alessio Carciofi – esperto in trasformazione digitale – ci fornisce alcuni suggerimenti:

- Accedere alle nostre caselle email solo in determinati orari o blocchi della giornata. E poche volte al giorno. Con questo approccio "a blocco" (batching) si riesce a risparmiare tempo e ad aumentare il nostro focus.

- Stabilire un limite di tempo per ogni blocco/volta che accediamo alle email. In questo modo gestiremo solo le email più importanti e non avremo tempo per le email spazzatura.

- Non tenere la finestra delle email aperta quando stiamo svolgendo altre attività.

- Cancellarsi dalle newsletter che non ci interessano ed eliminare tutte le notifiche push.

Le persone che controllano principalmente la posta elettronica in risposta alle notifiche e-mail riportano una produttività inferiore rispetto a coloro che si auto-interrompono per controllare la posta elettronica (Mark et al., 2016), anche per questo è utile il batching.[3]

3. Con il termine batching si intende una modalità di "esecuzione accorpata", "aggregazione di mansioni", "lottizzazione" o "divisione in blocchi". È una tecnica utilizzata per aumentare la produttività che consiste nel raggruppamento di attività dello stesso tipo da svolgere in un determinato blocco di tempo. Questa tecnica viene applicata anche per la gestione delle email.

Con questo approccio penserai alla tua casella di posta elettronica solo in determinati momenti. Se controlli le tue email costantemente, anche rapidamente, la tua attenzione viene distolta dal compito che stavi svolgendo. Anche se tornerai subito alla tua attività, la tua casella di posta continua ad occupare spazio nella tua mente. Questo approccio ti aiuta a limitare le distrazioni, mantenere la concentrazione e sprecare meno tempo. Aumenterai la tua efficienza.

Uno studio commissionato da Hewlett-Packard aveva rilevato che i lavoratori continuamente distratti da chiamate, email e telefono abbassavano il loro quoziente intellettivo in media di 10 punti (Carciofi, 2017).

Cal Newport, dopo aver studiato il fenomeno della commutazione di rete con psicologi e neuroscienziati, conferma che "le nostre menti non possono fare questi rapidi spostamenti di contesto da una cosa a una casella di posta, di nuovo alla stessa cosa, di nuovo a una casella di posta." La commutazione della rete può richiedere al cervello da 5 a 15 minuti, questa commutazione costante esaurisce il nostro cervello e provoca anche ansia (Newport, 2021).[4]

4. In informatica, la commutazione di rete (network switching) è il processo di incanalare i dati ricevuti da qualsiasi numero di porte d'ingresso verso un'altra porta designata che trasmetterà i dati alla destinazione desiderata. Il dispositivo attraverso il quale passano i dati in ingresso è chiamato switch (Griffin, 2019).

Dopo una distrazione, servono circa 15 minuti per riprendere il lavoro interrotto, e 24 per tornare in modalità focus. Questo non è il modo di lavorare. Abbiamo già parlato degli effetti negativi del multitasking. Le persone non sono brave a passare rapidamente avanti e indietro tra i compiti, il cervello umano non può eseguire questo processo velocemente. Il continuo passaggio da una attività ad un'altra non è salutare.

"La posta elettronica non è un problema tecnico. È un problema di persone."

Merlin Mann

La posta elettronica è uno strumento molto usato nella vita lavorativa perché è molto efficace. Ha risolto molti problemi legati ai vecchi strumenti per inviare messaggi, come il telegrafo, il telex, l'AUTODIN, il fax e la segreteria telefonica.

Il problema è il suo utilizzo. Abbiamo già appurato che la tecnologia influisce sul comportamento umano. Il controllo costante e compulsivo della posta elettronica sta sabotando la mente dei lavoratori: stanchezza mentale, mente offuscata, perdita di chiarezza mentale, stress, distrazioni, perdita di concentrazione.

Può aiutare avere un **metodo per elaborare rapidamente le email**. Leo Babauta – scrittore e autore del blog Zen Habits - ci da qualche suggerimento in questo:

- *Iniziare dall'alto verso il basso, una e-mail alla volta.*

- *Aprire ogni e-mail ed eliminarla immediatamente. Le tue scelte: cancellare, archiviare (per riferimento successivo), rispondere rapidamente (e archiviare o cancellare il messaggio), mettere nella tua lista di cose da fare (e archiviare o cancellare il messaggio), fare il compito immediatamente (se richiede due minuti o meno - poi archiviare o cancellare), o inoltrare (e archiviare o cancellare).*

Con questo metodo l'email viene alla fine archiviata o cancellata. E consiglia di toglierla subito dalla posta in arrivo e di non lasciarla mai li. È una operazione da fare velocemente per poi passare alla prossima email. Non avere a paura a cancellare una e-mail, qual è la cosa peggiore che può succedere se la cancelli? Se la risposta non è negativa, cancellala e vai avanti. Con una buona pratica, si può passare attraverso un paio di dozzine di messaggi molto rapidamente (Babauta, 2009).

Ti aiuterà a risparmiare tempo, energie, risorse fisiche e mentali anche **non rispondere alle email.** Non rispondere ad una e-mail può sembrare maleducazione, ma talvolta è necessario. Non possiamo dedicare il nostro tempo a tutti. Il tempo è una risorsa molto preziosa e limitata. Onorare il dono straordinario della vita significa anche impiegare il nostro tempo nel migliore dei modi. Quindi, è un dovere divino non perdere tempo a rispondere alle e-mail che non apportano valore alla nostra vita.

Qual è la cosa peggiore che può accadere se non rispondi? È una cosa che ti può interessare? È una email incompleta e approssimativa? È ambigua e confusionaria? Alcune email non sono degne di una risposta. Se una email ti sta sottraendo risorse mentali preziose, non rispondere. Dai valore al tuo tempo!

Per concludere: niente email di notte e nei fine settimana!

Imparare a Gestire le Distrazioni

Se lavorate in un ambiente rumoroso, dovete cercare di raddoppiare la vostra concentrazione ignorando i rumori circostanti. Riuscire a concentrarsi in mezzo al chiuso è un indice di attenzione selettiva, la capacità neurale di mettere a fuoco una singola cosa ignorando un mare di altri stimoli, ognuno dei quali potrebbe catturare la vostra attenzione (Goleman, 2016).

Principalmente, ci sono distrazioni sensoriali e distrazioni emotive.

Gli elementi di distrazione sensoriale sono più facili da fronteggiare: ad esempio mentre stai leggendo questo libro, stai ignorando i vestiti sulla tua pelle. oppure le pagine di carta che stai toccando, questi sono solo una piccola parte degli innumerevoli stimoli che il vostro cervello rimuove dal continuo flusso di sensazioni di fondo che coinvolgono i cinque sensi.

Le distrazioni emotive invece sono più pericolose. Non importa quello che stai facendo, ma se senti nominare il tuo nome – che ha un richiamo emotivo per te – la tua attenzione abbandonerà quello che sta facendo per dirigersi sulla voce di chi ha pronunciato il tuo nome.

Anche le persone con buone capacità di concentrazione possono cedere alle distrazioni emotive. Ad esempio, se hai litigato con una persona a te cara, sarà difficile tenere la mente sgombra.

Il problema è che quando perdiamo la concentrazione, le nostre performance subiscono un drastico calo e siamo meno produttivi. Una ricerca della Harward Business School ha individuato una ridotta attività creativa, quando il lavoro viene continuamente interrotto da qualsiasi tipo di distrazione (Carciofi, 2017).

Potenziare la nostra concentrazione è fondamentale. Dato che per concentrarci dobbiamo mettere a tacere anche le nostre distrazioni emotive, il circuito neurale dell'attenzione selettiva include quello per l'inibizione delle emozioni: ciò significa che le persone che si concentrano meglio sono relativamente immuni ai tumulti emotivi, hanno minore difficoltà a mantenersi imperturbabili nei momenti di crisi e restano stabili in mezzo al flusso di emozioni della vita (Goleman, 2016).

Goleman ci dice che lo sforzo per concentrarsi su una cosa ignorando tutto il resto rappresenta una sorta di conflitto per il cervello. In questi conflitti mentali, il ruolo del mediatore è esercitato dalla corteccia cingolata anteriore (ACC), che individua questi problemi e incarica altre parti del cervello di risolverli. Per mantenere la concentrazione su un oggetto, l'ACC fa appello alle aree prefrontali responsabili del controllo cognitivo, che mettono a tacere gli elementi di distrazione e amplificano quelli a cui vogliamo riservare tutta la nostra attenzione (Goleman, 2016).

Per agevolare questi processi mentali e cerebrali, ti sarà molto utile avere intorno a te un ambiente potenziante.

L'Ambiente Potenziante

Il tuo ambiente deve sostenere i tuoi obiettivi. Il tuo ambiente è formato da tutto ciò che sperimenti ogni giorno: luoghi, aspetti sociali, cose, strumenti e persone intorno a te.

Devi fare attenzione. Chiunque e qualunque cosa in qualsiasi momento può rubare la tua attenzione e toglierti potere.

Per prima cosa, assicurati di lavorare in un **ambiente di lavoro pulito e ordinato.** Il disordine è pieno di potenziali distrazioni. Ti sottrae l'attenzione dal tuo compito più importante e la dirige verso altri mondi, come ricordi, attività incompiute o altre cose da fare.

Un ambiente ordinato migliorerà la tua energia e il tuo stato d'animo, guiderà la tua motivazione e sarai più soddisfatto.

Ti aiuterà creare una **scrivania minimalista.** Ti permetterà di avere la mente più libera, così puoi concentrarti meglio sul compito che hai davanti. La scrivania sgombra aiuta la concentrazione, potrai lavorare più lucidamente.

Ricorda che ogni giorno è un giorno straordinario per nuove idee e opportunità. Una scrivania disordinata con il lavoro dei giorni precedenti ti ancora al passato. Invece con la scrivania "nuova" ogni giorno, sarai incoraggiato a nuove possibilità; anche se lavorerai ad un progetto dei giorni precedenti, vedrai le cose sotto una nuova luce e ti aiuterà ad innovare.

Ecco qualche consiglio per iniziare:

- *Riduci gli oggetti nel tuo ambiente di lavoro. Togli tutto quello che non è essenziale. Non ci saranno inutili oggetti che occupano spazio nella tua mente.*

- *Ordina il materiale nei cassetti. Non devi avere cose o progetti sulla tua scrivania. Avrai cose o progetti a portata di mano nei cassetti, ma solo il compito più importante sulla tua scrivania.*

- *Non lasciare progetti a metà. Consumano risorse mentali in background. Se richiedono poco tempo per completarli, completali! Altrimenti mettili nel cassetto.*

- *Metti in ordine il desktop del tuo computer. Ti aiuterà a limitare le distrazioni e non offuscherà la tua chiarezza mentale*

- *Prima di terminare la tua giornata lavorativa, metti tutto in ordine.*

Tutto questo ti darà un maggior senso di calma e serenità e avrai una mente più efficiente. Meno disordine mentale significa più risorse per i nostri processi cognitivi.

Un altro consiglio è quello di usare un **computer dedicato** solo per il lavoro. Non lavorare con i tuoi dispositivi personali. Ti consiglio anche di avere un dispositivo dedicato (computer desktop, laptop o tablet) per ogni tipologia di mansione. Ad esempio: 1 solo per grafica e video, 1 per la scrittura, 1 per la gestione delle email, 1 per i social network, e così via.

Questo ti aiuterà a limitare le distrazioni e a focalizzarti meglio sul compito da fare. Se vuoi spingerti oltre, ti consiglio di avere anche delle **stanze dedicate** per ogni tipologia di mansione e compito. Questo ti darà il potere straordinario di entrare subito nel flusso della produttività estrema.

Il senso è che devi scegliere un posto che puoi dedicare specificamente a quella attività. Se svolgi quel lavoro, nello stesso punto dove ti svaghi, è lì che andrà la tua mente. Scegli un luogo che ti dia completa chiarezza mentale in modo da non avere nulla a cui pensare oltre a quel compito. In qualche modo i luoghi sono delle vere e proprie ancore che attivano determinati stati mentali ed emotivi (Zeloni Magelli, 2020).

I luoghi sono campi energetici. Le energie dei tuoi pensieri rimangono nella tua stanza. Pensa al vantaggio di accedere a quel luogo e riuscire velocemente a sintonizzarti su quelle frequenze richieste per svolgere quella attività. Questa strategia ti permette anche di favorire gli spostamenti di contesto e la commutazione di rete. Sarai molto più produttivo e avvertirai una chiarezza mentale leggendaria quando svolgerai i compiti.

Le tue stanze devono avere aria di qualità. L'aria che respiriamo è molto importante per la nostra salute. Il nostro benessere psicofisico dipende anche dall'aria che respiriamo. Per questo ti consiglio di avere nel tuo ambiente di lavoro delle **piante che purificano l'aria.**

Purtroppo negli ambienti interni sono presenti delle sostanze chimiche che provengono da fondamenta, muri, arredi, plastiche, collanti, vernici, elettronica e prodotti di pulizia, come: benzene, tricloroetilene, formaldeide, pentaclorofenolo, clorometano, cloruro di ammonio, monossido di carbonio, acetone, radon, xilene, toluene e altri; sono composti organici volatili.[5]

5. I composti organici volatili (VOC) sono un'ampia classe di composti chimici che esistono come gas a temperatura ambiente standard e pressione. Sono composti come acetone, benzene e formaldeide che vengono emessi come gas e possono causare effetti sulla salute a breve e lungo termine quando inalati (American Chemical Society, 2016).

I rischi per la salute associati a questa vasta classe di sostanze chimiche vanno dalla stanchezza e dalla nausea acuta ai danni al sistema nervoso centrale e al cancro (Jones, 2015). Il dottor Vadoud Niri della State University of New York a Oswego conferma che inalare grandi quantità di VOC può portare alcune persone a sviluppare la sindrome da edificio malato, che riduce la produttività e può anche causare vertigini, asma o allergie (American Chemical Society, 2016).

La soluzione più efficace ce la offre Madre Natura: le piante. L'uso delle piante per rimuovere le sostanze chimiche dall'aria interna è chiamato biofiltrazione o fitorimedio. Il fitorimedio è il processo con cui le piante e i loro microbi radicali rimuovono i contaminanti dall'aria e dall'acqua. La biofiltrazione delle piante è una tecnologia promettente che può aiutare a risolvere problemi globali diffusi causati dall'inquinamento atmosferico (Wolverton & Nelson 2020).

I VOC si trovano in concentrazioni molto più alte negli ambienti interni che all'esterno, con concentrazioni particolarmente elevate nei nuovi edifici. Alcune piante hanno la capacità di rimuovere i VOC presenti nell'aria, ma l'efficacia della rimozione dipende dai composti chimici e dal meccanismo di assorbimento utilizzato da ogni pianta (Jones, 2015). Le radici delle piante e i loro microrganismi associati distruggono virus patogeni, i batteri e le sostanze chimiche organiche, convertendo alla fine tutti questi inquinanti dell'aria in nuovo tessuto vegetale (Wolverton et al., 1989).

Fortunatamente ci sono alcune specie di piante che sono in grado di combattere l'inquinamento dell'aria interna. Le piante che troverete in questa lista sono capaci di filtrare numerose tipologie di VOC. La riduzione dei VOC è variata, ma onnipresente tra tutte le piante, alcune di loro – come i cactus – eccellono anche nell'assorbimento dell'elettrosmog:

- *Bromelia - Guzmania lingulata*

- *Palma Areca – Dypsis lutescens*

- *Palma della signora - Rhapis excelsa*

- *Palma di bambù - Chamaedorea seifrizii*

- *Pianta del caucciù - Ficus robusta o Ficus elastica*

- *Dracaena "Janet Craig"*

- *Edera - Hedera Helix*

- *Palma da datteri nana - Phoenix roebelenii*

- *Ficus Macleilandii Alii*

- *Felce di Boston - Nephrolepis exaltata "Bostoniensis"*

- *Spatafillo - Spathiphyllum*

- *Dracaena fragrans "Massangeana"*

- *Potos - Epipremnum aureum*

- *Nephrolepis obliterata*

- *Gerbera jamesonii*

- *Dracaena deremensis*

- *Dracaena marginata*

- *Philodendron Erubescens*

- *Syngonium podophyllum*

- *Dieffenbachia "Exotica Compacta"*

- *Palma della fortuna - Chamaedorea elegans*

- *Beniamino - Ficus benjamin*

- *Schefflera arboricola*

- *Begonia Semperflorens*

- *Philodendron selloum*

- *Philodendron oxycardium*

- *Sansevieria trifasciata*

- *Dieffenbachia "Camilla"*

- *Philodendron domesitcum*

- *Hamalomena wallisii*

- *Maranta leuconeura*

- *Cactus di Natale - Schlumbergera buckleyi*

- *Easter Cactus - Schlumbergera gaertneri*

- *Falangio - Chlorophytum comosum*

- *Aglaonema crispum*

- *Croton - Codiaeum veriegatum pictum*

- *Dwarf Azalea – Rhodedendron simsii "Compacta"*

- *Calathea makoyana*

- *Aloe Vera - Aloe barbadensis*

- *Cereus Peruvianus*

- *Consolea facata*

- *Cassula argentea*

- *Tillandsia Cyanea*

Madre Natura ci offre la tecnologia più avanzata ed efficace per ridurre inquinamento e onde elettromagnetiche, e ci sono altri vantaggi ad avere delle piante nelle nostre stanze. È stato rilevato anche che avere l'opportunità di guardare intenzionalmente le piante vicine su base giornaliera nell'ambiente di lavoro può ridurre lo stress psicologico e fisiologico (Toyoda et al. 2020).

Infine, per concludere questo sguardo sull'ambiente potenziante, ricordati che non lavori su una isola deserta. Ogni giorno hai delle interazioni con altre **persone che ti influenzano**. Queste persone impattano sulla tua mentalità, la tua salute e la tua produttività. Non sottovalutare il potere delle persone che hai intorno. Come ci ha insegnato Jim Rohn: *"Tu sei la media delle cinque persone che frequenti più spesso".*

Le persone intorno a te sono più importanti di quanto pensi. Conosciamo tutti i detti: *"Ad andare con lo zoppo, si impara a zoppicare!"* oppure *"Dimmi con chi vai e ti dirò chi sei".*

Quando frequenti determinate persone o lavori con esse, inevitabilmente assumerai alcuni tratti della loro mentalità e personalità.

Amici, familiari e colleghi che non sono generalmente positivi ti contageranno con la loro negatività. La mentalità è contagiosa; si diffonde facilmente.

Circondati delle persone giuste. Avvicinati a persone che sostengono i tuoi obiettivi e allontana chi non lo fa. Devi stare con persone che non ti tolgono potere, ma che ti diano energia. Devi frequentare persone positive che possono incoraggiarti e assisterti. Stare con persone che pensano al successo crea ciò che i ricercatori chiamano "una spirale di successo positiva" che ti solleva e ti da slancio (Keller, 2018).

Crea un ambiente rivolto alla produttività che sostenga la tua missione di vita; ricorda che non si vince e non si perde mai da soli. Per questo è importante avere un gruppo mastermind e un bel team. Ma questo, lo scopriremo tra poco...

3. L'Importanza della Collaborazione

Sebbene la prima fase del successo avviene inizialmente nella nostra mente attraverso la nostra capacità di immaginazione, diventa poi una questione di abilità e capacità di collaborare e cooperare con gli altri. Il successo può essere attribuito a molte cose, ma fattori essenziali risiedono nelle abilità e la comunicazione di coloro che vi circondano. Il detto "nessun uomo è un'isola" suona vero per il fatto che hai bisogno di altre persone per fare le cose. Questo è particolarmente vero per le aziende, che di solito hanno progetti che richiedono la collaborazione di molti dipendenti, per questo formano delle squadre. L'importanza della collaborazione non può essere sottovalutata; è uno strumento essenziale per costruire progetti forti.

Collaborazione è partecipazione attiva, una relazione sinergica tra due o più entità che lavorano insieme per produrre qualcosa di meglio di ciò che potrebbero fare da soli. Quindi, di base, la collaborazione può essere definita come il lavoro insieme dei dipendenti, e a volte dei manager, verso un obiettivo comune. Questi obiettivi possono essere progetti che si inseriscono nel quadro più ampio dell'azienda e fanno parte degli obiettivi aziendali. Potrebbe anche essere la collaborazione nel lavorare verso la cultura aziendale e la reputazione che l'azienda vuole trasmettere.

C'è forza nell'unità e questo si manifesta al meglio attraverso la collaborazione all'interno delle aziende per raggiungere gli obiettivi. La collaborazione riunisce dipendenti con diverse prospettive, competenze, idee e diversi livelli di creatività. Le aziende hanno sempre più bisogno delle conoscenze di varie figure professionali, con specializzazioni molto diverse, che lavorino bene in squadra e collaborino efficacemente tra di loro per avere una maggior visione d'insieme.

"Nella lunga storia del genere umano (e anche del genere animale) hanno prevalso coloro che hanno imparato a collaborare e a improvvisare con più efficacia."

Charles Darwin

Le risorse umane sono essenziali per i problemi perché mentre molti processi possono essere automatizzati, i dipendenti hanno le idee che guidano ciò che l'automazione rende costante. Questa forma di problem-solving è ciò che definisce un'azienda come forte, suggerisce una buona cultura del lavoro, diversificata e rispettosa e ha la capacità di produrre i migliori risultati possibili.

La collaborazione è la base di tutti i processi lavorativi e assicura che si lavori per un obiettivo comune. Anche se avere le tecnologie migliori e più aggiornate è utile per un'azienda, il fondamento del buon lavoro rimane la condivisione di idee e competenze tra i dipendenti. Inoltre, aiuta i dipendenti a trovare i propri ruoli all'interno di un'azienda. Questo viene fatto attraverso la definizione di un obiettivo comune e una squadra che lavora su di esso. I dipendenti sono quindi in grado di determinare le loro migliori abilità e ciò consente loro di raggiungere la massima produttività quando lavorano con altre persone con competenze diverse.

Il successo di un'azienda spesso risiede nella capacità dei dipendenti di collaborare così come nei piani della direzione nel facilitare e permettere alla collaborazione di crescere e svilupparsi. Affinché un'azienda possa svilupparsi e diventare leader nel suo campo, deve dare la priorità alla collaborazione. Sia che l'azienda utilizzi un modello di smart o remote working, la comunicazione e la capacità di lavorare verso un obiettivo comune è ciò che definirà un'azienda. Idee innovative, fresche e nuove nascono spesso dalla collaborazione. L'unione di competenze e idee nuove e creative in un ambiente sicuro, confortevole e incoraggiante porterà alla realizzazione degli obiettivi dell'azienda.

I team di lavoro che ottengono i risultati migliori sono quelli che collaborano e lavorano insieme nel modo migliore, in cui tutti i membri sono coinvolti e partecipano attivamente al progetto. Tutti i team vincenti hanno collaborazioni vincenti.

Fig. 5: La collaborazione porta alla condivisione delle competenze e all'efficienza.

Benefici della Collaborazione

Come già detto, la collaborazione è essenziale per raggiungere gli obiettivi aziendali. Tuttavia, ci sono ulteriori benefici della collaborazione oltre al completamento dei progetti e alla realizzazione degli obiettivi. Esploriamo questi, iniziando con un miglior **senso di flessibilità.** Quando i team e i dipendenti collaborano più spesso, iniziano a formare una familiarità che consolida le relazioni. Questo permette loro di raggiungere gli obiettivi più velocemente e con maggior facilità.

Il vantaggio di questo è che quando un'azienda deve introdurre qualcosa di nuovo o fare dei cambiamenti, i dipendenti hanno già un senso di flessibilità e saranno pronti. Il secondo vantaggio della collaborazione è un maggiore **coinvolgimento.** Quando i dipendenti iniziano a lavorare insieme più frequentemente, si integrano con gli altri, con nuove idee e diverse competenze. Questo migliora la produttività complessiva di un'azienda e assicura che i dipendenti non siano stagnanti, che non raggiungano la insoddisfazione lavorativa e, infine, che non falliscano nel raggiungere gli obiettivi aziendali.

La produttività di una azienda aumenta anche perché la collaborazione consente di suddividere la mole di lavoro tra i suoi membri. Questo riduce la pressione sul singolo individuo e garantisce il raggiungimento dell'obiettivo in maniera più rapida.

Un altro grande beneficio è che il **problem-solving** diventa più efficace ed efficiente perché abbiamo la possibilità di confrontare le nostre idee con gli altri. Quando uniamo diversi cervelli con abilità e competenze diverse, siamo meglio attrezzati per risolvere i problemi. Questa unione di cervelli ci aiuta a sviluppare anche nuovi punti di vista e ad avere una visione più ampia della realtà. Siamo così in grado di sapere meglio ciò che deve essere realizzato e perché. Questo fenomeno si amplifica quando abbiamo un team molto eterogeneo (età, genere, esperienze e nazionalità diverse) perché significa ascoltare opinioni diverse su un argomento. Il problema non sarà affrontato solo da un'angolazione, e il team sarà in grado di vedere un'immagine più ampia.

La collaborazione favorisce anche il **trasferimento dell'apprendimento**. Lavorando in un team si ha l'opportunità di imparare dalle esperienze degli altri membri del gruppo e questo favorisce l'acquisizione di nuove competenze. Tutti in un gruppo imparano qualcosa di nuovo dagli altri. Ognuno ha delle conoscenze che altri non hanno.

Infine, la collaborazione assicura che le riunioni siano più fruttuose e questo è dovuto alla cultura collaborativa. Ciò significa che le riunioni sono più brevi e più informative poiché i dipendenti sono più disposti a completare i loro compiti grazie al lavoro con gli altri per realizzare i propri obiettivi.

Suggerimenti per la Collaborazione

Introdurre la collaborazione può necessitare del tempo e richiede un piano per avere successo. Ecco alcuni suggerimenti per avere una collaborazione di successo nella tua azienda. La collaborazione dovrebbe iniziare sul posto di lavoro usando un **approccio dall'alto verso il basso**. Ciò significa che la collaborazione deve iniziare con dirigenti e manager che lavorano insieme in team per raggiungere gli obiettivi in modo che diventino radicati nella cultura aziendale. Impiegando dirigenti e manager per realizzare i valori e gli obiettivi principali dell'azienda, anche i dipendenti cominceranno ad adottare la collaborazione, rendendoli più efficienti ed efficaci nel completare gli obiettivi. Inoltre, questo migliorerà il coinvolgimento in quanto le figure di autorità all'interno di un'azienda mostrano ciò che è desiderabile per l'azienda e i dipendenti tenderanno a ricorrere alla collaborazione per primi.

Un'altra pratica che migliorerà la collaborazione è un **piano**

di premi e incentivi. A parte i premi e gli incentivi individuali, che di solito sono fattori motivanti verso il raggiungimento di un obiettivo aziendale, le aziende dovrebbero adottare incentivi anche per i team. Ciò incoraggerà la collaborazione, perché non solo i dipendenti ricevono dei bonus, ma lo fanno grazie al completamento efficace ed efficiente del lavoro. Questo costruirà anche buone relazioni tra colleghi piuttosto che rivalità.

Per assicurarsi che la collaborazione diventi parte della cultura aziendale è necessario istituire una buona e chiara linea guida. Una **comunicazione chiara** è la chiave per far capire ai dipendenti perché devono collaborare. La comunicazione fornirà anche un percorso chiaro su come sfruttare la collaborazione per raggiungere scopi e obiettivi.

Avere una **comunicazione efficace** è importante anche per altri aspetti. Favorisce la condivisione del sapere, risolve le incomprensioni e aiuta a mantenere il team affiatato. Quando si sviluppa e si favorisce la comunicazione e l'empatia tra i membri, si sviluppa uno spirito collaborativo che crea un ambiente favorevole allo scambio e al confronto costruttivo. Si crea un clima di fiducia, dove si lavora in armonia verso il raggiungimento di un obiettivo comune, dove anche i meno estroversi, riescono a esprimersi e dare il loro contributo.

La collaborazione efficace tra le persone può essere

agevolata dalla **tecnologia**. Esistono molti strumenti e il consiglio è quello di scegliere strumenti semplici e intuitivi. Evitate software con una miriade di funzioni che non fanno altro che distogliere il focus dagli obiettivi veramente importanti. Cercate di avere strumenti che possano interagire con piattaforme diverse, ad esempio Linux, Windows, Apple, iOS e Android. Può essere utile avere anche delle soluzioni basate sui cloud in modo da poter accedere alle stesse informazioni che possiamo accedere in ufficio. Ma attenzione alla privacy! Tenete bene a mente che state condividendo informazioni preziose con altre aziende.

Ultimo, ma non meno importante, è necessario **cambiare e aggiornare** continuamente le modalità in cui un'azienda ricorre alla collaborazione. Questo permetterà ai dipendenti di lavorare efficacemente tra loro ad ogni livello e porterà ad una maggiore condivisione di competenze tra i membri dei vari team. Utilizzando i riscontri dei dipendenti, i manager e i dirigenti prenderanno delle decisioni per rendere la collaborazione più facile. L'adattamento è anche necessario per permettere all'azienda di innovare.

Sfruttare il Web per le Collaborazioni Internazionali

Tipologie di Collaborazione

Prima di tuffarci in ciò che riguarda l'uso del web per la collaborazione internazionale, definiamo prima i tipi di collaborazione che si ottengono. Il primo tipo di collaborazione è la **collaborazione in team**. Un team collaborativo è un gruppo che collabora che oltre a lavorare insieme, condivide le proprie responsabilità. Lavorano insieme, pensano insieme, ragionano insieme. Un membro può completare il lavoro di un altro se questo è in difficoltà. Solitamente non c'è un vero leader, piuttosto è una leadership condivisa (le persone all'interno di un team si guidano a vicenda), anche se in alcuni casi emergono dei leader temporanei in base al compito. Quando un membro importante è assente, il team collaborativo riesce ugualmente a portare a termine il compito.

La collaborazione in team non deve essere fraintesa con il lavoro di squadra (teamwork). In entrambi i casi si lavora insieme per completare un obiettivo condiviso, ma la differenza chiave è che mentre il lavoro di squadra combina gli sforzi individuali di tutti i membri della squadra per raggiungere un obiettivo, le persone che lavorano in collaborazione completano un progetto collettivamente (Civil Service College, 2018).

Un gruppo di persone che lavora insieme come una

squadra, sta lavorando a livello individuale. Ogni membro del team ha un compito da svolgere e un ruolo specifico che contribuisce all'obiettivo generale. Nel lavoro di squadra spesso c'è una leadership ben definita.

Questo è il caso in cui c'è un team predeterminato di persone con una serie fissa di obiettivi e scadenze. Lo scopo di questo tipo di collaborazione è quello di far lavorare le persone in modo indipendente entro un periodo di tempo, raggiungendo così l'obiettivo più ampio che era stato stabilito per la squadra. Questo può essere illustrato con un esempio di un dipartimento di marketing di dieci persone, ogni persona ha un ruolo particolare nella squadra e quando tutti i compiti sono completati con successo, il risultato finale è una campagna di marketing per il prodotto dell'azienda. La comunicazione è fondamentale per questo tipo di collaborazione perché i membri devono capire chiaramente i loro compiti per raggiungere l'obiettivo generale. Può essere fatto anche l'esempio delle squadre sportive. Hanno tutti lo stesso obiettivo generale, ma hanno anche ruoli e lavori specifici (e c'è una leadership ben definita).

Il secondo tipo di collaborazione è conosciuta come **collaborazione comunitaria**. L'obiettivo è quello di riunire individui, agenzie, organizzazioni, membri di una comunità, in un'atmosfera di sostegno per risolvere sistematicamente i problemi esistenti ed emergenti che non potrebbero essere facilmente risolti da un solo gruppo. L'obiettivo finale di questo tipo di collaborazione è imparare piuttosto che avere un compito completato. Questo tipo non ha una scadenza fissa ed è un processo continuo e mutevole in cui i membri imparano a risolvere i problemi. Questo assicura che i membri possano usare ciò che hanno imparato in altri aspetti del loro lavoro e quindi aumentare la loro produttività. È un processo dove gli attori coinvolti lavorano insieme per condividere informazioni e risorse al fine di soddisfare una visione condivisa e obiettivi.

Il terzo tipo di collaborazione è **la collaborazione in rete** (nota anche come rete collaborativa o CN "Collaborative Networks"). È una rete composta da una varietà di entità (ad esempio organizzazioni, persone, macchine) che sono in gran parte autonome, geograficamente distribuite ed eterogenee in termini di ambiente operativo, cultura, capitale sociale e obiettivi, ma che collaborano per raggiungere meglio obiettivi comuni o compatibili, generando così congiuntamente valore, e le cui interazioni sono supportate da una rete informatica.

Gli attori della CN sono consci del fatto che insieme i membri della rete possono raggiungere obiettivi che non sarebbero possibili o che avrebbero un costo maggiore se tentati da loro individualmente. Camarinha-Matos – professore universitario esperto in reti collaborative, e imprese e organizzazioni virtuali – ci dice che anche un **Ecosistema di Innovazione** (IE) è una CN, poiché è formato da attori autonomi, indipendenti, distribuiti ed eterogenei che si comportano, interagiscono e collaborano tra loro con ruoli diversi in una rete socio-tecnica all'interno di un ambiente fertile, spaziale e in evoluzione per superare i limiti delle capacità individuali, massimizzare l'uso delle risorse e condividere rischi e costi, in modo da raggiungere meglio obiettivi comuni/compatibili a seconda delle diverse culture coinvolte e delle dinamiche di rete intrinseche (Camarinha-Matos et al., 2015).

Ecosistema di Innovazione è il termine usato per descrivere il gran numero e la diversa natura dei partecipanti e delle risorse che sono necessari per l'innovazione. Questi includono imprenditori, investitori, ricercatori, docenti universitari, capitalisti di rischio, così come lo sviluppo aziendale e altri fornitori di servizi tecnici come commercialisti, designer, produttori a contratto e fornitori di formazione e sviluppo professionale (Jackson, 2011). Un IE non è sempre creato come un'iniziativa metodologicamente pianificata e indotta da alcuni attori. Ci sono diversi casi (per esempio la Silicon Valley) che sono semplicemente emersi come risultato di un insieme di fattori regionali (Camarinha-Matos et al., 2015).

Possiamo identificare altre forme diverse di CN, alcune di loro possono essere abbastanza complesse. Grazie alle nuove opportunità e alla grande mole di informazioni che ci offre il Web queste reti si sono evolute nel corso del tempo:

Organizzazione Virtuale (VO): è un consorzio temporaneo di partner di diverse organizzazioni istituito per svolgere un compito a valore aggiunto, per esempio un prodotto o un servizio per un cliente (Kürümlüoglu et al., 2005). Questo tipo di organizzazione non ha un'infrastruttura fisica, usa la tecnologia per collaborare ed è un'alleanza libera di professionisti o aziende (Simon, 2017).

Organizzazione Virtuale Dinamica (DVO): Quando si verifica una Opportunità di Business (BO) a breve termine, si forma una configurazione veloce di un consorzio temporaneo, che è appropriato alle sue esigenze. Questo consorzio è chiamato Organizzazione Virtuale Dinamica, che rappresenta un'alleanza temporanea di diverse organizzazioni che condividono conoscenze, competenze e risorse al fine di rispondere per raggiungere la specifica Opportunità di Business (Yassa et al., 2014).

Impresa Virtuale (VE): È un caso particolare di una VO, consiste in una collaborazione formalizzata tra due o più organizzazioni autonome per il raggiungimento di uno specifico obiettivo aziendale. Spesso cominciano con degli investimenti e una condivisione di spese generali. Una volta completato il progetto spesso queste entità si separano. Il paradigma dell'impresa virtuale rappresenta una grande area di ricerca e sviluppo tecnologico per le imprese industriali e un'importante area di applicazione per gli ambienti cooperativi basati sul web. Possiamo dire che il concetto di VE è uno dei modi più importanti per aumentare l'agilità e la competitività delle imprese manifatturiere (Angulo et al., n.d.).

Possiamo identificare due categorie ben definite di VE, cioè la *Impresa Virtuale Statica (SVE),* dove la rete è fissa e predeterminata – i processi commerciali e aziendali, e le relazioni commerciali sono predefinite, fisse, integrate e statiche – e la *Impresa Virtuale Dinamica (DVE)* dove la rete è dinamica – I partner commerciali cambiano secondo le esigenze del mercato e vengono selezionati attraverso una negoziazione (Ouzounis, 2001).

Impresa Estesa (EE): Un'impresa estesa è una rete di imprese che si auto-organizza in modo indipendente e che combina la propria produzione economica per fornire prodotti e servizi al mercato; e perseguono relazioni di scambio ripetute e durature tra loro.

Comunità Virtuale Professionale (PVC): Le PVC rappresentano sia comunità professionali che virtuali. Agendo come un ambiente per la collaborazione e la condivisione, forniscono un senso di comunità per i professionisti che sono sparsi in tutto il mondo (Simon, 2017). Le comunità virtuali sono definite come sistemi sociali di reti di individui che usano le tecnologie informatiche per mediare le loro relazioni. Le comunità professionali forniscono ambienti per i professionisti per condividere il corpo di conoscenze delle loro professioni come culture di lavoro simili, percezioni dei problemi, tecniche di risoluzione dei problemi, valori professionali e comportamenti (Camarinha-Matos & Afsarmanesh, 2005).

Rete di Produzione Virtuale (VMN): Una rete di produzione virtuale (Virtual Manufacturing) è una rete di produzione che non è di proprietà di una semplice azienda, ma è costruita con l'uso dell'ICT per riunire diversi fornitori e partner di alleanze creando in modo tale una rete virtuale in grado di operare come una unica rete di fornitura di proprietà. Utilizzando la tecnologia dell'informazione e della comunicazione (ICT), una VMN riunisce diversi fornitori e partner. La VMN gestisce la configurazione, la gestione e il monitoraggio del processo di produzione attraverso la tecnologia (Simon, 2017).

La produzione virtuale può migliorare uno o più livelli di decisione e controllo nel processo di produzione (progettazione del prodotto e del processo, pianificazione del processo e della produzione, macchine utensili, robot e sistema di produzione). Così come le tecnologie di automazione come il CAD/CAM hanno velocizzato la progettazione di prodotti, la produzione virtuale avrà un effetto simile sulla fase di produzione grazie alla modellazione, simulazione e ottimizzazione del prodotto e dei processi coinvolti nella sua fabbricazione (Dépincé et al., 2004).

Agile Shop Floor: Nell'industria manifatturiera, l'agile shop floor è una rete di collaborazione che permette un rapido cambiamento. Diverse cellule dell'officina coinvolte nel processo di produzione si rendono prontamente disponibili per contratto (Simon, 2017). L'ambiente dinamico di un'impresa virtuale richiede che i partner del consorzio possiedano officine riconfigurabili (Ribeiro & Barata, 2006). Questo è un approccio promettente per permettere rapidi cambiamenti nell'infrastruttura dello shop floor e nel suo sistema di controllo (Camarinha-Matos, 2004).

E-Scienza: Questo tipo di comunità collaborativa a livello globale è specifica per la scienza e permette la condivisione di risorse tra professionisti e istituzioni. Coinvolge anche le infrastrutture ICT che permettono una condivisione flessibile, sicura e coordinata delle risorse. Wiki, blog, reti sociali virtuali, grid computing e accesso aperto sono solo una breve selezione di nuove tecnologie correlate. Al momento, non esiste un termine generalmente usato o una definizione comune di e-scienza, il che limita la comprensione del vero potenziale del concetto (Koschtial, 2021).

Può essere definita come rete di collaborazione scientifica (SCN) o rete di collaborazione accademica o rete di condivisione sociale. Gli scienziati hanno usato per la prima volta questo tipo di rete di collaborazione per condividere ricerche e pubblicazioni tra di loro. Venivano usati dagli accademici anche come siti di social networking. Negli ultimi anni, tuttavia, gli scienziati sono stati in grado di organizzare collaborazioni internazionali per promuovere il progresso della ricerca (Simon, 2017).

Laboratorio Virtuale: Questo tipo di ambiente di e-Scienza rappresenta un ambiente di problem solving eterogeneo e distribuito che permette a scienziati e ricercatori sparsi in diversi centri del globo di condividere risorse come dati, informazioni, attrezzature e strumenti.

Simili agli Ecosistemi di Innovazione - per la loro natura di alleanza a lungo termine - possiamo incontrare gli *Ecosistemi Aziendali* e gli *Ambienti di Riproduzione VO (VBE)*.

Ecosistema Aziendale: un insieme di organizzazioni

coinvolte nello sviluppo e nella fornitura di un prodotto o servizio specifico attraverso la competizione e la cooperazione simultanea. Questa rete può essere composta da fornitori, clienti e agenzie di regolamentazione. (Sono simili ai cluster aziendali: una concentrazione geografica di imprese interconnesse, fornitori e istituzioni associate in un determinato campo. Si ritiene che i cluster aumentino la produttività con cui le aziende possono competere, a livello nazionale e globale). Un IE è un concetto più ampio ed è un ambiente più aperto e dinamicamente emergente di un ecosistema aziendale.

Ambiente di Riproduzione VO (VBE): Un'associazione (conosciuta anche come cluster) o un pool di organizzazioni e le loro relative istituzioni di supporto che hanno sia il potenziale che la volontà di cooperare tra loro attraverso la creazione di un accordo di cooperazione "base" a lungo termine e di infrastrutture interoperabili (Camarinha-Matos & Afsarmanesh, 2005) e l'adozione di principi operativi e infrastrutture comuni, con l'obiettivo principale di aumentare sia le loro possibilità che la loro preparazione verso la collaborazione in potenziali Organizzazioni Virtuali (Afsarmanesh & Camarinha-Matos, 2005).

Queste organizzazioni si rendono disponibili per le opportunità. Agendo come un broker, un membro sceglie quali imprese hanno senso per il progetto e poi le contratta.

Una volta entrati nel VBE, i membri stabiliscono l'infrastruttura e gli accordi (Simon, 2017). Quindi, è un'associazione regolamentata aperta, ma controllata dai suoi membri. Essa mira a migliorare la preparazione delle sue organizzazioni membri per unirsi a potenziali future VO, fornendo quindi una culla per la creazione dinamica e agile di reti collaborative guidate dalle opportunità (Afsarmanesh & Camarinha-Matos, 2005).

Le VBE motivano la creazione di Organizzazioni Virtuali (VO) come organizzazioni che rispondono con alta flessibilità ai rapidi cambiamenti delle necessità del mercato. Le VBE definiscono (implicitamente o esplicitamente) i principi primari di lavoro e di condivisione al fine di stimolare la collaborazione tra i membri e assicurare benefici a lungo termine (Galeano Sánchez et al., n.d.).

Per attrarre e mantenere membri e partner, è importante definire un sistema di incentivi. Gli incentivi possono essere benefici di business e di conoscenza: benefici sui costi, partecipazione garantita ad un certo numero di VO, tutorial e corsi per migliorare le competenze aziendali (come la produttività) e supporto di un membro con suggerimenti e consigli costruttivi.

Adesso che hai una visione più chiara sulle reti collaborative, ti sarà utile sapere anche che un Ecosistema di Innovazione abbraccia tipicamente molti tipi di attori, infrastrutture esistenti e anche altre reti collaborative. Poiché non c'è un confine fisico o organizzativo, gli IE abbracciano università, laboratori privati di ricerca e sviluppo, agenzie di finanziamento e banche, ecc..., oltre a cluster industriali precedentemente stabiliti, habitat di innovazione e VBE. Pertanto, gli IE possono essere considerati come un ambiente "logico" sopra le alleanze esistenti CN e altre non-CN (Camarinha-Matos et al., 2015). Infine gli Ecosistemi di Innovazione possono interagire con altri IE.

Le reti collaborative sono oggi applicate in una grande varietà di settori, tra cui la produzione industriale, i servizi, la logistica e il trasporto, la ricerca scientifica, lo sviluppo, la gestione dell'energia, l'istruzione, l'agroalimentare, il governo, assistenza agli anziani, e molto altro ancora.

Come vedi la collaborazione può fare miracoli per te. I potenziali benefici della collaborazione sono infiniti. Abbiamo visto come le imprese possano sviluppare reti di collaborazione con organizzazioni o professionisti complementari per essere competitivi in determinati affari, mercati o innovazioni scientifiche. Le reti collaborative giocano un ruolo rilevante nella creazione di nuove strutture socio-economiche e organizzative; rappresentano un approccio molto promettente per la co-creazione di valore e un meccanismo importante per aiutare le organizzazioni a rispondere meglio alle opportunità di business o a sopravvivere in condizioni turbolente e di incertezza (Camarinha-Matos, 2009).

Come Crescere e Interagire con la Collaborazione di Rete

Come spiegato sopra la collaborazione in rete è in continua evoluzione e recentemente è diventata più popolare con la crescita delle imprese a causa dei nuovi problemi che le imprese e la società devono affrontare. Gran parte di questo può essere ricondotto all'abbassamento delle barriere dei consumatori e all'aumento del pool di beni e servizi che i consumatori sono ora in grado di concedersi. Questo livello di accesso richiedeva una migliore qualità di beni e servizi attraverso la diversità e quindi la collaborazione in rete era necessaria. L'informazione e la tecnologia dovevano evolversi in modo da soddisfare il mercato dei consumatori e questo era possibile solo attraverso business virtuali e la formazione della collaborazione in rete attraverso il mondo virtuale.

Un vantaggio per l'azienda che usa la collaborazione in rete è che il business diventa più forte. Cioè, sono in grado di superare qualsiasi sfida o volatilità che il mercato può attraversare grazie al loro maggiore accesso alle informazioni che espande non solo il loro mercato ma anche la loro base di conoscenze.

Oltre a questo, la collaborazione in rete consente alle aziende di avere una migliore comprensione del mercato e di ciò che l'azienda spera di ottenere. Ciò garantisce che un'azienda non si concentri solo sul raggiungimento dei propri obiettivi, ma anche sulla crescita e lo sviluppo del mercato in cui opera. L'innovazione che è in grado di creare forma un nuovo tipo di valore, o creazione di valore, ampliando così la base di conoscenze con cui si gestisce il mercato. La collaborazione in rete si concentra sulle conoscenze, le competenze, la soggettività delle persone coinvolte e i fattori esterni che possono oggettivamente influenzare tutti i soggetti coinvolti.

La creazione della collaborazione in rete è spesso fatta attraverso aziende virtuali e quindi internet gioca un ruolo importante. Internet ha la capacità di connettere persone in vari luoghi, con varie identità, abilità e conoscenze. Questo non solo permette alla collaborazione in rete di essere sviluppata meglio rispetto alla normale collaborazione, ma lascia anche spazio a un elemento di diversità per crescere e svilupparsi, espandendo così la conoscenza e la portata che un'azienda può avere, perché le reti collaborative sono sistemi complessi che richiedono contributi multidisciplinari e una combinazione di prospettive diverse. La collaborazione in rete, pur avendo il potenziale per formare queste basi di conoscenza ampie e diversificate, può incorrere nel problema di non essere in grado di assegnare quale membro può fornire il valore a un prodotto o alla base di conoscenza. Quando i team sono sparsi in varie località geografiche e lavorano in orari diversi e con metodi diversi, non è facile capire da dove esattamente proviene il valore che l'azienda sta creando. Questo potrebbe significare che ci sono lacune in particolari mercati che potrebbero non contribuire così tanto. Queste lacune potrebbero riguardare una base di raccolta di conoscenze intangibili e hanno il potenziale di essere trascurate quando si traduce la conoscenza nel valore aggiunto che va in un prodotto di migliore qualità.

Per assicurare che l'azienda sia in grado di usare la collaborazione in rete al meglio del suo potenziale, ci sono tre fattori che sviluppano la collaborazione in rete. Vale a dire, sono il *networking*, la *coordinazione* e la *cooperazione*. Per capire come formano parte di una collaborazione di successo, verranno definiti.

Il **networking** può essere definito come la capacità di creare contatti per ampliare le opportunità e condividere informazioni attraverso la comunicazione per un beneficio condiviso.

La **coordinazione** è l'unificazione, l'integrazione, la sincronizzazione degli sforzi dei membri del gruppo in modo da fornire unità d'azione nel perseguimento di obiettivi comuni. Quindi unità d'azione tra gli impiegati, i gruppi e i dipartimenti, ma è anche la capacità del management di assegnare come e quando determinati compiti devono essere soddisfatti in modo che anche se i membri del team lavorano da diversi fusi orari, sono in grado di adempiere al lavoro assegnato.

La **cooperazione** è in opposizione al lavoro in competizione per un beneficio egoistico. È il processo di gruppi di organismi che lavorano o agiscono insieme per un beneficio comune e reciproco. È la capacità di condividere le risorse oltre alle informazioni, aumentando così il potenziale per il lavoro da svolgere in modo efficiente ed efficace da parte della squadra. Quindi, persone che si aiutano a vicenda per raggiungere un obiettivo comune ed avere dei vantaggi reciproci.

Usando queste idee e il potere della collaborazione della rete internet, la tua azienda potrà salire alle stelle.

Da dove puoi iniziare per creare la tua rete collaborativa e quindi avere un vantaggio competitivo sul mercato? Inizia configurando la tua rete di esperti, partner, clienti e fornitori. Comincia a creare un gruppo mastermind con loro e getta le basi per una alleanza strategica di medio-lungo termine. Se non sanno di cosa stai parlando, puoi regalarli questo libro. Se imparate ad unire le forze, potete diventare inarrestabili.

Potrete così acquisire una serie di vantaggi, tra cui la co-creazione di beni e servizi, la creazione di attività sostenibili, la coltivazione di un forza lavoro tecnologicamente avanzata e avere accesso ad una conoscenza multidisciplinare e molto più ampia.

Gli attuali sviluppi dell'ICT, vale a dire l'ubiquitous computing e il networking, offrono la possibilità di interconnettere competenze e risorse, abbassando la dipendenza dalle barriere geografiche, il che rappresenta un'opportunità per combattere i cronici squilibri regionali (Camarinha-Matos, 2009). Anche se diventerete più collaborativi, rimarranno delle sfide significative da affrontare. Come una configurazione della rete ottimale e trovare i partner giusti e non solo quelli disponibili alla partecipazione. La sfida più grande risiede nella sicurezza. Mantenere le informazioni segrete in un mondo tecnologico è quasi una utopia. Ma la partecipazione alle reti è diventata molto importante per ogni organizzazione che cerca di ottenere un vantaggio competitivo in condizioni di mercato turbolente, specialmente nel caso delle piccole e medie imprese (Camarinha-Matos, 2009).

Riguardo alla sicurezza, Maxim Sytch - un ricercatore della

Ross School of Business dell'Università del Michigan – ha scoperto che le reti più aperte che formano accordi di ricerca e sviluppo con partner provenienti da diversi settori industriali e aree geografiche, solitamente sono meno sicure con i segreti aziendali, ma si evolvono molto più velocemente (questo è l'esempio di industrie tecnologicamente più dinamiche come la biotecnologia e la microelettronica). Mentre le reti più chiuse che stringono collaborazioni solo con partner conosciuti o raccomandati limitano il progresso generale, ma riescono a mantenere più al sicuro i segreti aziendali (industrie chimiche, farmaceutiche e automobilistiche).

Fig. 6: La collaborazione in rete permette alle aziende di avere dipendenti in qualsiasi parte del mondo.

Come Usare lo Smart Working e il Remote Working con la Collaborazione in Rete

Come illustrato sopra, la collaborazione in rete può essere una risorsa inestimabile nella costruzione di un'azienda forte ed efficiente. La collaborazione in rete si basa sulle tecnologie che rendono lo smart working possibile, così come il modello del remote working, per garantire che il lavoro sia di alta qualità e completato in tempo. La collaborazione in rete può essere facilmente integrata in un modello di smart o remote working attraverso una comunicazione chiara e pianificazioni guidate del completamento delle attività.

Detto questo, credo che adesso bisogna affrontare alcune questioni per evitare di scontrarsi con gravi problematiche e danneggiare la comunicazione e la produttività dell'azienda.

Un gruppo di ricercatori (Longqi Yang, David Holtz, Sonia Jaffe, Siddharth Suri, Shilpi Sinha, Jeffrey Weston, Connor Joyce, Neha Shah, Kevin Sherman, Brent Hecht e Jaime Teevan) che ha analizzato dati ricchi di email, calendari, messaggi istantanei, chiamate video/audio e ore di lavoro settimanali di 61.182 dipendenti statunitensi di Microsoft nei primi sei mesi del 2020 per stimare gli effetti causali del lavoro a distanza a livello aziendale sulla collaborazione e la comunicazione, hanno riscontrato che il lavoro a distanza in tutta l'azienda ha fatto sì che la rete di collaborazione dei lavoratori diventasse più statica e a silo, con meno ponti tra parti disparate. Inoltre, c'è stata una diminuzione della comunicazione sincrona e un aumento della comunicazione asincrona. Insieme, questi effetti possono rendere più difficile per i dipendenti acquisire e condividere nuove informazioni attraverso la rete. (L Yang et al., 2021).

Il lavoro a distanza ostacola davvero la collaborazione e la comunicazione? Sappiamo che il passaggio al lavoro remoto ha avuto un impatto significativo sulla comunicazione sul posto di lavoro e la collaborazione tra i lavoratori.

Il passaggio di Microsoft al lavoro a distanza ha danneggiato la comunicazione e la collaborazione tra i diversi gruppi di lavoro all'interno dell'azienda, minacciando la produttività dei dipendenti e l'innovazione a lungo termine (Roe, 2021).

Dallo studio è emerso che i lavoratori completamente remoti hanno passato il 25% di tempo in meno a collaborare, hanno avuto meno conversazioni in tempo reale e hanno diminuito le ore trascorse in riunione del 5% (Kekatos, 2021).

Il rapporto pubblicato su Nature Human Behaviour dice:

"I nostri risultati mostrano che il passaggio al lavoro a distanza in tutta l'azienda ha fatto sì che i gruppi aziendali all'interno di Microsoft diventassero meno interconnessi. Ha anche ridotto il numero di legami che colmano i buchi strutturali nella rete di collaborazione informale dell'azienda e ha fatto sì che gli individui passassero meno tempo a collaborare con i legami che rimanevano."[6]

[6]. Un legame di rete (o legame di collegamento) è una relazione che attraversa un buco strutturale in una rete, cioè, è definito dalla struttura di rete che circonda il legame, e può essere un legame forte o debole (Levin, 2011). I legami di collegamento sono importanti per ottenere nuove informazioni. Tuttavia, quando gli imprenditori cercano di fare un ponte tra due reti, possono incontrare problemi a causa della varietà di conoscenze tra gli individui in entrambe le reti (Scholten et al. 2015).

"Inoltre, il passaggio al lavoro a distanza in tutta l'azienda ha fatto sì che gli impiegati passassero una parte maggiore del loro tempo di collaborazione con i loro legami più forti, che sono più adatti al trasferimento di informazioni, e una parte minore del loro tempo con i legami deboli, che hanno più probabilità di fornire accesso a nuove informazioni".

"Ci aspettiamo che gli effetti che osserviamo sui modelli di collaborazione e comunicazione dei lavoratori abbiano un impatto sulla produttività e, a lungo termine, sull'innovazione. Eppure, in molti settori, le aziende stanno prendendo decisioni per adottare politiche permanenti di lavoro a distanza basate solo su dati a breve termine."

"Le aziende che prendono decisioni sulla base di analisi non causali possono impostare politiche subottimali. Per esempio, alcune aziende che scelgono una politica di lavoro a distanza permanente possono porsi in una posizione di svantaggio rendendo più difficile la collaborazione e lo scambio di informazioni tra i lavoratori."

"Oltre a stimare gli effetti causali del lavoro a distanza a livello aziendale, i nostri risultati forniscono anche indicazioni preliminari sugli effetti delle politiche di lavoro a distanza come il lavoro misto e ibrido. In particolare, gli effetti non banali sui collaboratori che stimiamo suggeriscono che gli accordi di lavoro ibridi e misti potrebbero non funzionare come le aziende si aspettano. Le implementazioni più efficaci del lavoro ibrido e misto potrebbero essere quelle che deliberatamente tentano di minimizzare l'impatto degli effetti di collaborazione su quei dipendenti che non stanno lavorando a distanza; per esempio, le aziende potrebbero considerare implementazioni di lavoro ibrido in cui certi team vengono in ufficio in certi giorni, o in cui la maggior parte o tutti i lavoratori vengono in ufficio in alcuni giorni e lavorano a distanza in altri".

Per quanto riguarda le soluzioni ibride, il Professore David Holtz, coautore di questo studio, ci dice che "Il fatto che lo stato di lavoro a distanza dei tuoi colleghi influenzi le tue abitudini di lavoro ha importanti implicazioni per le aziende che stanno considerando politiche di lavoro ibride o miste", ha detto. Per esempio, avere i propri compagni di squadra e collaboratori in ufficio allo stesso tempo migliora la comunicazione e il flusso di informazioni sia per quelli dentro che fuori dall'ufficio. "È importante essere riflessivi su come queste politiche vengono implementate" (Barkley, 2021).

Vadim Tabakman — vicepresidente, global presales di Nintex — ci fa notare che è possibile trovare aree di qualsiasi azienda in cui le affermazioni di Microsoft sono corrette o sbagliate, e tutto dipende dalla tecnologia e dalle risorse che i dipendenti hanno a disposizione (Roe, 2021). Aggiungo anche che queste dinamiche dipendono dal numero dei soggetti coinvolti. Lo studio in questione coinvolge 61.182 dipendenti, non un gruppo di 10 o 50 persone.

Amie Devero — una executive coach e consulente strategica per le aziende tecnologiche — parlando dalla sua esperienza ci dice che le riunioni di squadra e gli incontri individuali sono continuati nelle aziende con il remote working, ma che si è in gran parte fermata la comunicazione laterale e diagonale tra i membri di diversi team, tra i manager con i membri di altri team, tra i dipendenti di ruolo e quelli nuovi in diverse funzioni (Roe, 2021). Ci dice che "I singoli team comunicano al loro interno. Creano le proprie strategie e tattiche, per non parlare del fatto che coltivano le proprie culture."

"Questo erode la grande visione di una strategia e di una missione. Così i team disparati hanno poca esperienza o conoscenza degli altri team se non attraverso scorecard o dashboard. Le relazioni non si formano e non vengono promosse. L'innovazione esiste in un ambiente più piccolo con meno interconnessioni. Poiché l'innovazione dipende dalle connessioni fatte tra cose diverse o anche improbabili, è, per definizione, limitata" (Roe, 2021).

Queste sono informazioni davvero molto utili e preziose; gli ambienti più piccoli e snelli forse sorrideranno. Anche chi opterà per soluzioni ibride o miste gradirà queste informazioni.

Le soluzioni ibride risolvono un potenziale problema con i nuovi assunti che lavorano a distanza. I nuovi assunti non conoscono i loro colleghi e non hanno mai passato del tempo in ufficio come altri colleghi più anziani (Niu, 2021). Di conseguenza, i nuovi arrivati non riescono a "vivere la cultura dell'azienda". Questo si traduce in un 20% in meno di probabilità di riconoscere i valori aziendali (Hyken, 2021).

Rolf Bax — responsabile delle risorse umane di Resume.io — ci da altre informazioni preziose: "Ho anche trovato più difficile orientare con successo i nuovi assunti al loro ruolo da remoto. Penso che la più grande sfida dell'onboarding remoto rispetto ai metodi tradizionali di persona è che è più difficile per un nuovo assunto farsi un'idea della cultura di un'organizzazione e delle sue persone da dietro uno schermo".

Per **onboarding** (o socializzazione organizzativa) ci si riferisce ad un processo di integrazione; il processo successivo all'assunzione che comporta l'inserimento della nuova risorsa all'interno della impresa. È una pratica per accelerare la integrazione delle risorse umane che comprendono iniziative per migliorare l'ingresso dei nuovi arrivati.

Per concludere questo sguardo su come usare il remote working e lo smart working nel migliore dei modi, faremo adesso maggior chiarezza sulle **modalità di comunicazione.**

Dalla ricerca realizzata sui dipendenti di Microsoft, abbiamo visto come il lavoro a distanza ha fatto sì che i lavoratori trascorressero più tempo usando forme di comunicazione asincrone, come l'email e le piattaforme di messaggistica, e meno tempo avendo conversazioni sincrone di persona, al telefono o in videoconferenza (Barkley, 2021).

Per capire meglio questo fenomeno, alcuni termini verranno definiti adesso.

Comunicazione asincrona: una comunicazione che non avviene in tempo reale. I tempi di risposta sono variabili e non richiedono l'attenzione immediata del destinatario. Esempio: e-mail, forum online, documenti collaborativi, social network, chat, applicazioni di messaggistica. Ciascuno ha la possibilità di comunicare nei tempi che preferisce. Il mittente può inviare il suo messaggio e si può dedicare ad altre attività.

Comunicazione sincrona: le comunicazioni avvengono

in tempo reale. Esempio: comunicazione dal vivo, telefono, video chiamata. È richiesta l'attenzione immediata del destinatario. Possiamo utilizzare anche chat e applicazioni di messaggistica, ma in questo caso, ci possono essere dei piccoli ritardi nella risposta (ricezione del messaggio, lettura, decifrazione, pensiero e scrittura della risposta).

Può esistere anche una modalità di **comunicazione ibrida** che utilizza chat e applicazioni di messaggistica. Questi applicativi consentono una comunicazione asincrona quando i soggetti coinvolti non sono contemporaneamente connessi, e una comunicazione sincrona quando sono online.

Diventa fondamentale per la comunicazione e la produttività aziendale capire quando utilizzare una modalità piuttosto che l'altra per lo scambio di informazioni. Questa è una competenza che permette di aumentare l'efficienza di qualunque gruppo di lavoro. Il team non deve sprecare tempo ed energie.

I manager dovranno promuovere:

- *l'utilizzo della comunicazione sincrona davanti alle situazioni di incertezza. Esempio: un membro non sa come muoversi su un determinato compito e ha bisogno di informazioni per procedere. Se le informazioni tardano ad arrivare, la sua produttività viene ostacolata.*

- *il passaggio dalla comunicazione asincrona a quella sincrona davanti alle incomprensioni. Esempio: se c'è poca comprensione durante uno scambio di e-mail o messaggi in chat, bisogna evitare di portare la conversazione per le lunghe, è meglio chiarirsi a voce.*

- *l'utilizzo delle e-mail quando dobbiamo dare risposte dettagliate, accurate ed esaustive.*

- *il breve utilizzo delle chat. Le chat devono velocizzare e semplificare la comunicazione. Uno scambio di informazioni in chat di 30 minuti è uno spreco di tempo. Poteva essere fatto in 10 minuti con un passaggio a una comunicazione sincrona.*

- *la preferenza della comunicazione sincrona davanti a situazioni poco chiare e caotiche, e anche quelle urgenti e di emergenza.*

Quindi, dovranno scoraggiare:

- *l'invio di troppe e-mail sullo stesso argomento e fare chat lunghe quando si vede che manca la comprensione.*

- *il sollecito di risposte mediante uno strumento asincrono davanti a situazioni di urgenza a meno che questa non sia ben evidenziata.*

- *l'invio di comunicazioni scritte poco chiare e confuse. In questi casi, meglio confrontarsi a voce per delucidazioni e maggior chiarezza.*

La piena comprensione delle dinamiche affrontate fino ad adesso, ti darà un vantaggio competitivo importante. Le informazioni che hai ricevuto saranno determinanti per le prestazioni, efficienza e produttività della tua attività lavorativa.

Le Trappole della Realtà Virtuale

Quando ci muoviamo in un ambiente, dobbiamo conoscere le caratteristiche dell'ambiente in cui ci muoviamo. È importante capire le caratteristiche e il funzionamento degli ambienti virtuali.

Spesso sono ambienti dove si forma una **comunicazione a silo**. Poiché i social network vogliono che passi il maggior tempo possibile sulle loro piattaforme, utilizzano molte strategie. Gli algoritmi dei social network fanno sì che le persone si relazionino con persone che la pensano come loro, con valori e ideali similari e interessi affini. Gli algoritmi limitano l'incontro con le diversità, difficilmente ti verranno suggerite pagine o profili che non sono in linea con i tuoi interessi, altrimenti rischiano di perdere la tua attenzione, il che significa perdere profitti.

In questi ambienti spesso emerge la tendenza di **conformarsi ai propri pari**, dove le persone all'interno di un gruppo piuttosto di dire quello che realmente pensano, dicono cose che possono essere condivise e approvate dagli altri membri. Il dramma è che sembra che per molti, la cosa importante sia piacere gli altri, ricevere like e condivisioni, piuttosto che essere veramente se stessi; esprimere e manifestare la propria vera essenza.

Oltre a questo, è utile ricordare che la maggioranza del **traffico dati nel web** appartiene solo a pochissimi player mondiali.

Queste dinamiche – trappole della realtà virtuale – sono nemiche della visione d'insieme e del pensiero pluralistico. Aiuterà moltissimo avere un gruppo mastermind.

4. Il Gruppo Mastermind

Ho già scritto un libro dedicato ai gruppi mastermind, parlando delle origini storiche, della creazione, e della gestione del gruppo mastermind.[7] Per tanto, quello che cercherò di fare in questo capitolo, è affrontare il tema da altre angolature.

7. *Il Potere del Mastermind Group* è un piccolo ma fondamentale libro per chiunque voglia capire il funzionamento di un gruppo mastermind e come gestirne e crearne uno. Sul mio canale YouTube "Edoardo Zeloni Magelli" potrai ascoltare gratuitamente gran parte dell'audiolibro. Colgo l'occasione per invitarti a iscriverti ai miei canali social per non perderti altre informazioni preziose e di scaricare le risorse gratuite per la mente che puoi trovare su zelonimagelli.com

Poiché ci sono sfumature quasi infinite quando si parla di Gruppi Mastermind, ritengo opportuno di definirlo in nuovi termini, e più congrui al tema del libro. Consapevole del fatto, che in altri contesti, scriverei questo capitolo sui gruppi mastermind in altre modalità e con altri contenuti.

Sarebbe un capitolo completamente diverso, ma ugualmente corretto a definire un gruppo mastermind.

"Il principio di mastermind consiste in un'alleanza di due o più menti che lavorano in perfetta armonia per il raggiungimento di un obiettivo definito e comune, il successo non viene senza la collaborazione degli altri."

Napoleon Hill

La Mente Maestra

Napoleon Hill ha coniato il termine "master mind alliance", letteralmente "alleanza della mente maestra", conosciuta anche come "alleanza di cervelli", e ha definito questo come il lavoro armonioso tra due o più persone verso un particolare fine. Da allora il termine è stato modernizzato e ora è chiamato gruppo mastermind. Il gruppo mastermind come spiegato da Hill è la collaborazione di sforzo e della conoscenza tra due o più persone che stanno lavorando verso un obiettivo definito, egli spiega inoltre che due menti non possono lavorare insieme senza la formazione di una terza mente invisibile (una forza intangibile), che può essere definita come una mente maestra.

"Quando 2 menti si uniscono creano sempre una terza forza intangibile invisibile che possiamo paragonare a una terza mente superiore."

Napoleon Hill

La Chimica della Mente

Il principio di mastermind trova le sue fondamenta nelle leggi naturali. Ogni cervello umano è una stazione di trasmissione e di diffusione; sia di emissione sia di ricezione per le vibrazioni della frequenza del pensiero.

Ogni mente è direttamente connessa con ogni altra mente tramite l'etere. Ogni pensiero rilasciato da qualsiasi mente, può essere immediatamente raccolto e interpretato da altre menti.

Alcune menti quando entrano in contatto mostrano una affinità naturale reciproca, altre invece una forte antipatia. Nel mezzo a questi due estremi ci sono molte altre possibilità di reazioni. A volte questi risultati si verificano senza aver espresso una sola parola.

Noi siamo energia che vibra, e la nostra mente è costituita da una sostanza mentale che provoca una reazione chimica quando entra in contatto con altre sostanze mentali di altre menti. Questa reazione chimica crea delle vibrazioni che possono essere piacevoli o sgradevoli.

Con alcune persone ci sentiamo molto bene, con altre meno; l'effetto dell'unione di due menti è evidente: viene provocato uno stato d'animo del tutto diverso da quello che esisteva poco prima dell'interazione. Quando due menti entrano in contatto tra loro, in entrambe avviene un cambiamento notevole. Le sostanze mentali che sono entrate in contatto, hanno generato un nuovo campo energetico che ha cambiato lo stato d'animo.

Ogni mente ha un suo campo di energia che possiamo chiamare **campo elettrico mentale**. Il campo elettrico mentale è in continua evoluzione, ed è influenzato dalla chimica della mente, che è mutevole.[8]

8. Il corpo umano produce un campo elettromagnetico. Noi siamo elettromagnetici. Ogni nostra cellula produce un campo elettromagnetico. La vita si basa su due aspetti: la materia e una componente non materiale, elettrica (Fels, 2018). I progressi in biofisica, biologia, genomica funzionale, neuroscienze, psicologia, psiconeuroimmunologia e altri campi suggeriscono l'esistenza di un sistema sottile di interazioni "biocampo" che organizzano i processi biologici dal livello subatomico, atomico, molecolare, cellulare e organismico a quello interpersonale e cosmico (Muehsam et al. 2015).

Il biocampo o campo biologico, è un complesso campo

energetico organizzativo impegnato nella generazione, mantenimento e regolazione dell'omeodinamica biologica (Rubik et al., 2015). Le proprietà di tale campo potrebbero essere basate su campi elettromagnetici, stati cœrenti, biofotoni, processi quantistici e simil-quantistici, e infine il vuoto quantistico (Kafatos et al., 2015). L'aura umana è un esempio di un tipo familiare di biocampo che ha guadagnato l'accettazione nei circoli scientifici, poiché studi di laboratorio hanno correlato le osservazioni dei lettori di aura con cambiamenti misurabili nei segnali elettromagnetici emanati dalla persona di cui si legge l'aura (Dean, 2003).

Il biocampo è un grande campo di energia che circonda e si estende dal corpo, approssimatamente è di 150 cm su entrambi i lati e 90 cm sopra e sotto (McKusick, 2014). Il campo elettrico mentale ha una estensione superiore e può variare da persona a persona. Un campo elettrico mentale può comunicare con un altro campo presente dall'altra parte del mondo. Siamo capaci di accedere a informazioni di ogni tipo tramite impulsi elettrici.

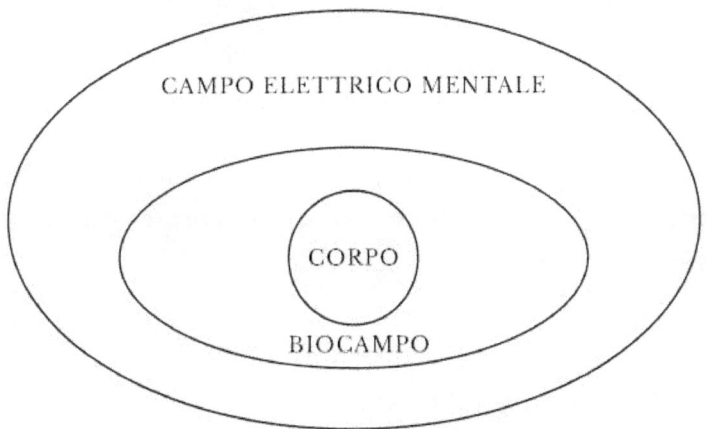

Fig. 7: Corpo, Biocampo e Campo Elettrico Mentale.

Le interazioni di biocampo possono portare alla regolazione dei processi biochimici, cellulari e neurologici attraverso mezzi legati all'elettromagnetismo, ai campi quantici e forse ad altri mezzi di modulazione dell'attività biologica e del flusso di informazioni (Muehsam et al. 2015).

Nell'ambiente elettrico interno del nostro corpo, si svolge la magia della vita e questo ambiente può anche essere influenzato in modo potente attraverso le vibrazioni del suono (McKusick, 2014) e le vibrazioni di altre menti.

La natura di questo campo varia a secondo della frequenza energetica della mente individuale e dalle reazioni chimiche provocate dalle interazioni con le altre menti.

Questo campo di energia è in grado di attrarre determinate persone, cose, situazioni ed eventi, e allo stesso modo è in grado di respingerle. Questo processo può avvenire senza l'ausilio di parole, di espressioni del volto o altre forme di movimento corporeo o comportamento.

È possibile cambiare chimicamente la propria mente per attrarre o respingere altre menti, per formare una mente maestra.

La Perfetta Armonia

L'armonia è un'altra legge della natura che permette la vita.

La vita è energia organizzata in armonia. L'armonia pervade ogni singolo atomo della salute della natura, del nostro corpo e della nostra mente. Quando l'armonia viene a mancare, comincia un processo che porta alla morte. È quello che succede negli ecosistemi naturali ed anche nel nostro corpo. Quando gli organi smettono di funzionare in armonia, la vita si indebolisce.[9]

9. Adesso cercheremo di approfondire quanto sia importante l'armonia per il nostro corpo, per poi comprendere l'importanza dell'armonia in quello che ci circonda, poiché i campi energetici di luoghi e persone, interagiscono con i nostri e ci influenzano. Siamo tutti interconnessi.

La meccanica quantistica ha stabilito il primato del tutto inseparabile. Per questo motivo, la base della nuova biofisica deve essere la comprensione della fondamentale interconnessione all'interno dell'organismo così come tra gli organismi, e quella dell'organismo con l'ambiente (Popp & Beloussov, 2013). Le nostre cellule producono un campo magnetico biologico che ci mantiene in salute. Ogni cellula conosce e parla con ogni altra cellula. Le cellule si scambiano migliaia di bit di informazioni al secondo e formano una gigantesca rete di comunicazione. Il corpo può essere considerato come un grande sistema quantistico, in cui un ruolo importante è svolto dalla bio-comunicazione tra le cellule. Questo scambio di informazioni consente di regolare la forma, la crescita, la rigenerazione dell'organismo e presiede alle interazioni tra il corpo e la mente (Centro di Medicina Biologica, 2019).

Le cellule quando sentono informazioni si possono mettere in equilibrio o disequilibrio. La comunicazione da cellula a cellula è la base dell'attività cellulare coordinata e quindi fondamentale per il funzionamento dei sistemi biologici (Scholkmann et al., 2013). Un dialogo in armonia tra il livello elettromagnetico della materia vivente e il livello chimico assicura che il traffico delle molecole sia ben ordinato.

La maggior parte dei ricercatori definiscono il biocampo in termini di attività elettromagnetiche di basso livello, ma misurabili, che giocano un ruolo critico nel mantenimento della salute come i fenomeni chimici, biochimici e bioelettrici più accuratamente studiati che la medicina occidentale tipicamente affronta (Dean, 2003).

Il biocampo è il risultato di diverse componenti energetiche come per esempio le onde elettromagnetiche, acustiche e vibrazionali di natura endogena, quindi che hanno origine dal nostro interno. L'organismo, pertanto, può essere raffigurato come un'entità bio-informazionale e bio-cibernetica, in cui le vibrazioni energetiche sono in grado di trasferire informazioni da un punto all'altro del corpo consentendone lo sviluppo, l'organizzazione e lo stato di salute (Centro di Medicina Biologica, 2019).

Alterazioni elettromagnetiche, sono in grado di influenzare le nostre funzioni organiche e la nostra energia vitale (Bernardi, 2018). I processi vitali sono regolati da oscillazioni elettromagnetiche, preposte ai processi biochimici, la malattia può essere vista come un insieme di oscillazioni "malate" che conducono a regolazioni errate: la malattia prima di manifestarsi in sintomi corporei può essere ricercata in un disturbo delle oscillazioni frequenziali fisiologiche, disturbo sul quale si può intervenire tramite la controregolazione o il potenziamento (Lifegate, 2009).

La nostra salute è influenzata dal funzionamento dei nostri campi elettromagnetici. Siamo una comunità di 100 mila miliardi di cellule che vanno d'accordo tra di loro. Quando il campo magnetico non funziona in armonia sviluppiamo delle patologie.

Il Dott. Franco Lenna – medico esperto in Omeopatia a indirizzo olistico e Medicina biofisica-quantistica – ci dice che quando il nostro campo magnetico biologico non è più efficace, sviluppiamo la malattia, le cellule smettono di comunicare attraverso il loro linguaggio elettromagnetico e comincia la patologia (non la patologia traumatica che è un fatto meccanico che riguarda solo il 5% circa delle malattie). Ripristinando il campo magnetico corretto, molte patologie se ne vanno. Quindi è un ripristino delle frequenze. Ogni organo ha la sua frequenza. Dobbiamo rimettere in equilibrio i vari parametri delle nostre cellule. Bisogna intervenire sulla totalità, mettendo più ordine, più accordo e equilibrio tra le varie cellule.

Quando ripristiniamo le frequenze armoniche del nostro campo magnetico molte malattie spariscono. Il biocampo è il luogo primario di guarigione e che la maggior parte delle forme di malattia e disfunzione umana sono potenzialmente suscettibili di correzione attraverso il biocampo (Dean, 2003).

Il Dott. Piergiorgio Spaggiari - fisico, medico e professore esperto in Medicina Quantistica - ci fa notare che una patologia può essere trattata mediante l'uso corretto di un farmaco (aspetto biochimico) oppure mediante la biorisonanza. Ossia l'impiego di campi elettromagnetici ultradeboli in grado di modificare il campo elettromagnetico di disturbo a cui è seguita una errata reazione (aspetto biofisico). Ci fa notare anche che sotto i fenomeni elettromagnetici, biochimici e neurologici c'è sempre la fisica quantistica, che nel campo della biologia ha apportato il nuovo concetto di inter-connessione tra le varie parti del corpo, tra gli organismi e tra questi ed il proprio ambiente.

Siamo interconnessi con il nostro ambiente. Tutti questi

processi interni al biocampo sono influenzati anche dai campi energetici delle persone che ci circondano, anche per questo è molto importante circondarsi di "persone potenzianti" e allontanare le "persone depotenzianti". L'energia delle persone che ci circonda influisce sul nostro stato di salute. Tutto ciò che è presente nell'universo ha una vibrazione. Il nostro corpo è formato da organi che vibrano, le persone che ci circondano vibrano su determinate frequenze e hanno i loro campi energetici.

Non possiamo rimanere "accordati" a lungo stando in un ambiente con frequenze dissonanti e non compatibili con le nostre. Dobbiamo stare in luoghi e circondarci di persone che esaltano le nostre frequenze, e le armonizzano. Ad esempio, quando stiamo con le persone che amiamo, il nostro organismo riceve frequenze armonizzanti, e ci sentiamo bene.

Dobbiamo ricercare l'armonia nei luoghi fisici e nelle relazioni con gli altri, poiché i campi elettromagnetici, influenzano il nostro stato di salute e il nostro corpo reagisce agli stimoli elettromagnetici. Come insegno nei miei corsi di Psicologia Primordiale, il futuro di un seme non dipende solo dalle sue qualità, ma anche dal suo terreno (luogo fisico; famiglia; partner; amici; colleghi; scuola; aspetti sociali, politici, culturali e legislativi di una città).

Una mente maestra si può formare attraverso il raggruppamento o l'unione in uno spirito di perfetta armonia di due o più menti. Dalla fusione armonica di due o più menti - quindi dalla reazione chimica delle sostanze mentali coinvolte - si crea una forza superiore e intangibile che possiamo paragonare a una terza mente, che può essere utilizzata e assimilata da una o tutte le singole menti.

L'armoniosa cooperazione di due o più persone che si alleano allo scopo di realizzare un determinato obiettivo sviluppano la presenza di una mente suprema, che può guidare, ispirare, offrire idee e intuizioni, e nutrire una o tutte le singole menti.

Può essere difficile da comprendere all'inizio questo fenomeno perché non viene percepito con i cinque sensi, ma esistono delle forze intangibili superiori e siamo tutti guidati da energie invisibili e immateriali. Come ci ha insegnato Hill, questa mente maestra rimane disponibile fino a quando resiste l'amichevole, armoniosa alleanza tra le menti individuali; e si disintegrerà, e con lei tutte le prove della sua precedente esistenza, nel momento in cui questa alleanza si romperà. Se le menti coinvolte in questo processo cominciano a prendere strade divergenti, la mente maestra si disintegra.

Dato che la mente maestra è una forza che nasce dalla fusione e il coordinamento di due o più menti in uno spirito di perfetta armonia, non può esserci lo sviluppo di una mente maestra se viene a mancare l'elemento della perfetta armonia.

In uno spirito di armonia, le menti individuali di un gruppo di persone possono formare una mente maestra; la chimica delle singole menti viene modificata in modo tale che queste menti si fondono e funzionino come una unica mente.

I modi in cui avvengono questi processi di fusione e miscelazione sono numerosi e non verranno affrontati in questo libro.

Gruppi Mastermind

Hill afferma che la struttura in cui viene creato il gruppo mastermind determinerà il suo successo. Cioè, ci dovrebbe essere un leader chiaro (anche se ci sono casi in cui una leadership condivisa è preferita), un obiettivo per cui lavorare, così come incontri regolari. Questi ideali saranno ampliati di seguito.

I gruppi mastermind di solito pongono le loro basi nella reciproca e benefica condivisione di conoscenze e risorse tra le persone. L'idea di un gruppo mastermind è che condividendo e prendendo dagli altri, ogni persona è in grado di raggiungere i suoi obiettivi molto più velocemente che se avesse tentato di completare i suoi compiti da solo. Hill attribuisce un grande successo al ricorso dei gruppi mastermind. Spiega che attraverso questi contributi benefici e armoniosi ogni parte coinvolta se ne esce con qualcosa di valore. Questo potrebbe essere ricchezza monetaria o anche semplicemente guadagno di conoscenza. I gruppi mastermind sono progettati per essere in grado di creare un'indipendenza in cui le persone coinvolte sono alla fine in grado di impostare i propri orari di lavoro, determinare i propri prezzi, così come essere in grado di determinare il loro reddito.

Come sono attualmente praticati, i gruppi mastermind sono spazi guidati da facilitatori che permettono di discutere, fare brainstorming e risolvere i problemi in modo che le persone in questi gruppi possano migliorare le loro capacità personali e professionali. I gruppi mastermind non solo permettono ai membri di creare obiettivi che sono chiaramente allineati con i loro valori, ma incoraggiano i membri a raggiungere questi obiettivi. I membri sono anche incoraggiati a sostenersi l'un l'altro nel raggiungimento dei propri obiettivi, sia lavorativi che personali o a volte entrambi. Il processo di un gruppo mastermind inizia con la creazione di obiettivi e poi ci si muove verso la realizzazione di un piano per raggiungere l'obiettivo. Oltre a questo, vengono raccontate le storie di successo di coloro che hanno già attraversato il processo e si adoperano di farlo in modo che gli stessi gruppi mastermind siano ispirati. Il gruppo è coinvolto nella creazione del tuo piano per raggiungere i tuoi obiettivi, attraverso il brainstorming e la condivisione di idee creative, e questo ti permette di portare la tua storia di successo al gruppo e ispirare gli altri a raggiungere i loro obiettivi.

Ora che i gruppi mastermind sono stati esplicati, questo capitolo si concentrerà su come creare un gruppo mastermind, l'eterogeneità dei gruppi mastermind, i benefici di questi gruppi così come gli svantaggi, e come creare e gestire un gruppo mastermind virtuale.

Fig. 8: I gruppi mastermind sono di solito composti tra le due e le otto persone.

Come Creare un Gruppo Mastermind

La maggior parte delle persone è brava a lavorare da sola per raggiungere i propri obiettivi. Tuttavia, quando si lavora con individui che la pensano allo stesso modo, si è scoperto che gli obiettivi vengono raggiunti molto più rapidamente. Hill ha ampliato questo con il principio del mastermind come spiegato sopra. Può sembrare un compito arduo trovare individui che la pensano come te, ma iniziare un gruppo mastermind è più facile di quanto si pensi. Per iniziare la creazione di un gruppo mastermind, devi **scegliere un argomento**. Questo può essere specifico come vuoi oppure ampio, che scomporrai più tardi quando i tuoi obiettivi si concretizzeranno. Per il tuo primo gruppo mastermind, si raccomanda di scegliere un aspetto specifico della tua vita che vorresti iniziare a cambiare e migliorare.

Il secondo passo per creare un gruppo mastermind è quello di **selezionare persone allineate con i tuoi valori e obiettivi**. Lo scopo di questo è che si verifichi un beneficio reciproco. Non solo devi poter contare sui membri del tuo gruppo, ma anche loro devono poter contare su di te. Le dimensioni dei gruppi mastermind variano e possono essere composti da poche o molte persone, questo dipende da quello che vorresti, ma si raccomanda un minimo di due o tre per un beneficio reciproco. I potenziali membri dovrebbero essere persone che hanno una spinta e un impegno simili, in modo che tutti possiate lavorare efficacemente per raggiungere i vostri obiettivi. I membri dovrebbero tutti vantare diverse abilità in modo che il gruppo mastermind sia vario, questo vi permetterà di ottenere e condividere diverse prospettive verso un obiettivo comune.

Napoleone sceglieva uomini le cui qualità integravano le sue in modo da aiutarlo a vincere le proprie debolezze. Henry Ford integrò le proprie energie con quelle di Thomas Edison, Harvey Fireston, Luther Burbank e John Burroughs.

Ognuno ha mancanze da qualche parte, che possono essere colmate dai membri di un gruppo mastermind. Uno dei segreti del successo è saper amplificare il proprio potere personale con le qualità delle altre persone, cioè integrare la propria energia mentale con l'intelligenza, l'esperienza, la conoscenza e il potere spirituale di altre persone complementari.

Infine, i membri dovrebbero essere risolutori di problemi, questo è necessario perché le persone che si divertono a risolvere problemi hanno capacità di pensiero critico che porteranno a miglioramenti in tutti gli aspetti dei vostri obiettivi.

Il terzo fattore nella creazione di un gruppo mastermind è la **creazione di regole**. Questo per permettere un coinvolgimento rispettoso e per assicurare che il ritorno non sia dannoso o malizioso. Ora che hai completato questi tre passi, l'unica cosa che rimane è tenere incontri regolari per il tuo gruppo per interagire e conseguire.

Fig. 9: I gruppi mastermind facilitano il lavoro dei membri verso un obiettivo comune.

Benefici del Gruppo Mastermind

Ci sono molti benefici nell'avere e appartenere ad un gruppo mastermind. Il primo è l'**essere supportati e compresi reciprocamente**. I gruppi sono spesso creati con un obiettivo specifico in mente e se tutti i membri sono d'accordo con questo obiettivo allora tutti lavorano verso di esso, per raggiungerlo.

Questo permetterà di sperimentare una certa responsabilità e i membri si sosterranno a vicenda nel raggiungimento dell'obiettivo.

I gruppi mastermind, pur avendo obiettivi specifici, sono composti da membri diversi. Questo lascia spazio a **prospettive diverse** che possono essere utili quando si cerca di risolvere un problema. Questi diversi punti di vista portano valore in quanto illustrano un altro modo in cui qualcosa può essere risolto.

Questi gruppi **riuniscono risorse**. Cioè, oltre a diversi set di abilità e prospettive, i gruppi mastermind riuniscono persone che hanno accesso a diversi tipi di risorse che aiutano a raggiungere gli obiettivi in modo più efficace ed efficiente.

Inoltre la grande forza è che **il gruppo vale più della somma dei singoli individui.** La semplice somma dei contributi individuali è inferiore al prodotto collettivo delle competenze e sforzi coordinati. I risultati che può raggiungere una mente maestra, saranno sempre superiori a quelli che i singoli membri potrebbero raggiungere individualmente.

Un ulteriore vantaggio dei gruppi mastermind è la **responsabilità** che il gruppo facilita. Quando si lavora verso un obiettivo comune, i membri del gruppo sono in grado di mantenere i loro obiettivi concordati e di incoraggiarsi a vicenda per raggiungere l'eccellenza.

I gruppi mastermind sono eccellenti nel facilitare uno spazio sicuro per la formazione di legami all'interno di un gruppo. Ciò consente la formazione di **forti relazioni** tra i membri del gruppo. In un ambiente virtuale con modelli di remote o smart working, il gruppo mastermind incoraggerà il team building e questo porterà a una migliore comunicazione. Ha il potenziale di rendere il **lavoro più produttivo** non solo attraverso la risoluzione dei problemi, il brainstorming o la condivisione delle conoscenze, ma anche attraverso le abilità che il gruppo mastermind incoraggia. Ciò include la comunicazione e una mente aperta alla diversità anche se tutti i membri stanno lavorando per un obiettivo comune.

Ti invito a rileggere questo libro più volte con molta attenzione. Tutte le volte che lo rileggerai, troverai dei nuovi concetti che ti erano sfuggiti prima. La tua consapevolezza verso le dinamiche di gruppo è cambiata. Adesso che hai compreso il principio della mente maestra, comprenderai ancora meglio l'importanza della collaborazione e delle reti collaborative. I benefici della collaborazione, sono i benefici alla base di un gruppo mastermind.

I Gruppi Mastermind Virtuali

La posizione geografica non deve essere un fattore d'ostacolo contro i gruppi mastermind. Come menzionato nei capitoli precedenti, il mondo degli affari si è evoluto ad un punto in cui la tecnologia è diventata una forza trainante verso l'innovazione. Questo può essere visto attraverso il lavoro da remoto o un modello di lavoro a distanza conosciuto come smart working. Pertanto, la creazione di un gruppo mastermind virtuale non solo è possibile, ma aumenterà il modo in cui un'azienda lavora verso i suoi obiettivi. I gruppi mastermind virtuali useranno gli stessi fattori della creazione di un gruppo mastermind, tuttavia, questi gruppi avranno bisogno di un programma che viene eseguito in modo da massimizzare il potenziale del gruppo mastermind virtuale.

Vantaggi e Svantaggi di un Gruppo Mastermind Virtuale

I vantaggi di un gruppo mastermind virtuale sono simili a

quelli di un gruppo mastermind. Tuttavia, l'uso di internet crea un nuovo bacino di persone con competenze e prospettive a cui potresti non aver avuto accesso. Grazie al web puoi creare un gruppo eterogeneo e multietnico. La diversità fa sì che l'apprendimento sia più arricchente e significativo con più idee da prospettive diverse, permettendo così una migliore visione della realtà.

Gli svantaggi di un gruppo mastermind virtuale possono manifestarsi a causa della scarsa pianificazione e struttura del gruppo. Questo include, ma non si limita a, riunioni inefficaci, scadenze conflittuali a causa dei diversi fusi orari, e a volte il mancato completamento delle attività a causa di problemi di comunicazione. È anche vero che le relazioni dal vivo o gli incontri di persona hanno un flusso più armonioso a causa della mancanza di confini fisici e la capacità delle persone di interagire usando le emozioni. Questo potrebbe indicare che i gruppi mastermind di persona sono più efficaci di quelli virtuali.

5. I Team Virtuali

I cambiamenti sociali e tecnologici che il nostro mondo sta vivendo hanno drasticamente influenzato il modo in cui le persone lavorano. Davanti a opportunità e incertezze che il cambiamento porta con sé, molte aziende e società hanno scelto di spostare i loro team nel mondo virtuale. Questo può essere un compito scoraggiante, soprattutto se fatto a casaccio a causa del cambiamento. Tuttavia, con la giusta mentalità e la conoscenza di cosa sono i team virtuali e come condurli in modo efficace, la vostra azienda ha il potenziale per aumentare la produttività.

I team virtuali sono gruppi di persone che possono trovarsi in diverse aree geografiche, ma che condividono obiettivi e scopi comuni e che lavorano insieme grazie alla tecnologia.

Come Creare un Team Virtuale

Creare dei team in grado di collaborare efficacemente è un

valore aggiunto per l'azienda in termini di creatività, efficacia, efficienza, nuove intuizioni e ampiezza di visione.

I team virtuali sono spesso un fattore determinante in un modello di lavoro a distanza di successo. I dipendenti si trovano in varie località geografiche e lavorano in diversi fusi orari. Questo a volte può causare difficoltà con la pianificazione e la collaborazione. La comunicazione non avviene di persona dunque una buona comunicazione e la fiducia nei propri dipendenti sono essenziali nella costruzione di un team virtuale.

Per creare una squadra virtuale, bisogna decidere i propri obiettivi e i valori fondamentali dell'azienda che si devono abbracciare. Esistono vari tipi di team virtuali e dipendono da quali sono gli obiettivi, quindi immergiamoci; analizzeremo dieci tipologie.

Il primo tipo di team virtuale è chiamato **team di rete** e questo è quello in cui vengono aggiunti membri con vari set di abilità che si completano e si influenzano. Possono essere individui interni all'azienda o esterni (outsourcing). I membri sono esperti in un determinato campo e si riuniscono per raggiungere un obiettivo comune. I membri possono anche essere rimossi una volta che il loro incarico è completato e ne vengono introdotti di nuovi; non c'è una squadra predeterminata.

Questa soluzione è molto utilizzata da aziende di consulenza e servizi tecnologici. Quando ci sono esigenze specifiche che non possono essere soddisfatte dall'azienda si opta per un team di rete. Questa opzione è in grado di soddisfare qualsiasi richiesta da parte dei clienti. Anche se l'azienda non è specializzata nella richiesta del cliente, è possibile trovare le risorse umane specializzate in grado di soddisfare tale richiesta.

Il secondo team è quello dei **team paralleli**. Solitamente sono formati da individui che lavorano all'interno della stessa organizzazione. Questo è quando un'azienda forma una squadra con i suoi dipendenti per raggiungere un particolare obiettivo. Quindi ai membri del team vengono assegnati dei compiti ulteriori rispetto a quelli primari. I membri non cambiano spesso e la squadra lavora per migliorare i processi esistenti.

Questi membri - provenienti da diverse aree funzionali, rami di azienda e luoghi - sono incaricati di affrontare un problema, rispondere ad una domanda del mercato e dare consigli per il miglioramento di un processo o un sistema. Tutti sono spinti a condividere la propria opinione e mettono a disposizione il loro sapere per raggiungere gli obiettivi predefiniti. Sono altamente focalizzati sul compito e nella maggioranza dei casi si limitano a dare delle raccomandazioni.

Questa soluzione spesso è usata da multinazionali che hanno dipendenti con diverse esperienze e conoscenze sparsi in tutto il mondo. Con i team paralleli sono in grado di riunire competenze e punti di vista differenti, avere molteplici prospettive uniche al problema, e incoraggiano anche la collaborazione tra i diversi rami dell'azienda.

Sono utilizzati anche da agenzie di vendita e marketing, e aziende di ricerca e sviluppo.

Solitamente si formano per un breve periodo di tempo e i membri rimangono fino alla realizzazione dell'obiettivo. Una volta completato il loro compito, possono tornare alle loro mansioni primarie, o assumere dei compiti successivi.

Un esempio di team paralleli sono *i circoli di qualità* (o di controllo della qualità) che vengono formati per risolvere problemi e per migliorare la qualità dei servizi, processi, sistemi o prodotti. I membri si incontrano con il management per discutere e proporre azioni migliorative. Identificano e analizzano attività che hanno bisogno di revisione o miglioramento e risolvono problemi.

I team di sviluppo dei prodotti (o team di progetto) sono il terzo tipo di team virtuale e si basano sulla collaborazione in rete. Sono composti da esperti provenienti da diverse parti del mondo con lo scopo di sviluppare nuovi prodotti, sistemi informativi, processi organizzativi, consegnare nuovi sistemi tecnologici o riprogettare processi operativi. L'efficacia di questa squadra è associata alla velocità con cui sono in grado di creare e sviluppare nuovi prodotti e servizi.

Questi team spesso costituiscono il dipartimento di ricerca e sviluppo di un'azienda e aiutano il business a diventare più innovativo e inventivo. Questo richiede molta esperienza e conoscenza e poter riunire i migliori talenti esperti di product development provenienti da diverse parti del mondo è un grande vantaggio. Assegnare un compito a un team composto da individui multidisciplinari aumenta il livello di creatività.

Un esempio di questa tipologia sono i *team interfunzionali*, dove i membri con diverse competenze funzionali lavorano per un obiettivo comune. Ogni membro offre una prospettiva alternativa al problema e una potenziale soluzione al compito. L'innovazione è un vantaggio competitivo fondamentale e i team interfunzionali promuovono l'innovazione attraverso un processo di collaborazione creativa.

Il quarto tipo di team virtuale che un'azienda può avere è un **team di servizio**, questo conta su membri che si trovano in diversi fusi orari in modo che l'azienda possa fornire assistenza ai clienti 7 giorni su 7, 24 ore su 24.

Approfittare della diversa provenienza geografica permette

di assistere i clienti in modo continuativo. Per esempio, quando il team di supporto finisce il proprio turno in un luogo, dall'altra parte del mondo lo inizia e continua il lavoro.

Con questo sistema non c'è mai un'interruzione nella comunicazione. Fornire ai clienti un supporto al di fuori del normale orario di lavoro, fa aumentare l'apprezzamento dei clienti per l'azienda e la probabilità che raccomandino l'azienda ad altri.

Queste squadre virtuali sono comunemente usate per il servizio clienti e il supporto 24 ore su 24 (assistenza al cliente, servizio post-vendita, e assistenza tecnica).

Il quinto tipo di squadra è il **team manageriale virtuale** (o team di gestione), i manager si trovano in luoghi geografici diversi ma sono ancora in grado di collaborare sulle decisioni aziendali di alto livello.

Questi team discutono principalmente le strategie e gli obiettivi aziendali che il loro staff poi attuerà. Hanno l'obiettivo di prendere decisioni strategiche per l'azienda anche se i membri si trovano spesso distanti e in diverse nazioni e si riuniscono con meno frequenza rispetto ad altri tipi di team. Oltre a prendere decisioni importanti, supervisionano le operazioni quotidiane, come la delega dei compiti e il monitoraggio dei dipendenti. Spesso sono costituiti da manager di diverse divisioni, e potrebbero essere: Presidente, Amministratore Delegato (CEO), Direttore Operativo (COO), Direttore Finanziario (CFO), Direttore Marketing (CMO), Responsabile del Dipartimento Tecnologico (CTO), Direttore Informatico (CIO), Amministratore delle Conoscenze (CKO), Direttore della Sicurezza (CSO), Responsabile della Gestione del Rischio (CRO), Direttore della Conformità (CCO), Direttore Vendite, Direttore Commerciale, Direttore delle Risorse Umane, Direttore del Reparto Ricerca e Sviluppo, Responsabile del Prodotto, Responsabile di Progetto e Direttore di Stabilimento.

Un esempio di team di gestione sono i *team di gestione esecutiva*, che pianificano i vari processi di sviluppo e le operazioni di core business della società nel suo complesso, come lo sviluppo delle questioni finanziarie e dei piani aziendali. Sono costituiti da membri al vertice della gerarchia dell'organizzazione, come amministratore delegato e consiglio di amministrazione.

Questa tipologia di squadra si trova spesso nelle multinazionali che hanno il team di gestione disperso in tutta la nazione o nel mondo.

Sesta tipologia. I **team funzionali** sono composti da persone dello stesso dipartimento o area e solitamente svolgono una singola attività ben definita. I membri hanno ruoli ben definiti e collaborano su attività regolari e continue. Svolgono appunto attività funzionali, quindi possono essere trovati in qualsiasi tipo di azienda. Questi team spesso lavorano insieme per un lungo periodo di tempo.

Un esempio sono i *team di produzione* che sono formati da membri con un ruolo ben definito che si riuniscono per eseguire attività regolari e continue. Solitamente lavorano in modo indipendente, e i loro sforzi combinati producono il risultato finale.

Settima tipologia. Le **squadre d'azione** vengono formate per rispondere a problemi immediati e hanno durata molto breve. Sono composti da esperti che si riuniscono in momenti di emergenza o in situazioni straordinarie per trovare rapidamente una soluzione immediata a un problema. Una volta risolta la problematica la squadra viene sciolta.

Sono simili ai team paralleli, ma la differenza sostanziale è che i team paralleli fanno raccomandazioni per i miglioramenti, mentre i team d'azione hanno la capacità di intraprendere azioni per implementare le soluzioni.

Possono essere presenti in qualsiasi organizzazione indipendentemente dalla tipologia o dal settore. Sono molto usati dalle società di ingegneria.

Possiamo fare l'esempio anche delle *task force* (un'unità operative di pronto intervento) che sono un gruppo di esperti, provenienti da diversi settori aziendali e con diversa esperienza professionale, che si riuniscono per sviluppare idee, creare nuove opportunità o risolvere un problema specifico. Queste squadre vengono incaricate di fronteggiare particolari situazioni.

L'espressione task force ha la sua orgine nel lessico militare, ma ormai è usata anche in vari contesti politici e lavorativi.

I **team outsourcing** sono un'altra tipologia di squadra, utilizzata da chi preferisce delegare particolari compiti ad enti esterni. L'outsourcing agisce come un'uscita di emergenza che viene offerta dal dipartimento delle risorse umane ai dirigenti che hanno problemi nell'ambiente competitivo (Ates, 2013).

La riduzione dei costi, il supporto alle strategie di crescita delle aziende, la pressione competitiva, e l'accesso a personale qualificato, sono fattori strategici per l'offshoring (Peeters & Lewin, 2006).

Molte aziende esternalizzano i compiti in altri paesi, dove il costo per ottenere il lavoro è inferiore, cercano di abbassare i costi senza sacrificare significativamente la qualità. Si instaura così una collaborazione tra team interni all'azienda e team esterni.

Questa può essere una soluzione vantaggiosa, ma ci sono anche molte problematiche da affrontare. Sono molte le imprese che scelgono le aziende sbagliate e si ritrovano con molti progetti falliti.

Spesso si ottengono risultati diversi da quello che uno vorrebbe, perché il team comincia a lavorare sul progetto senza una piena comprensione delle specifiche del progetto. Questo è dovuto anche da una cattiva comunicazione per via delle barriere linguistiche.

Le consegne tardive sono un altro problema. Questi team lavorano a diversi progetti per molti clienti e possono non dedicare tempo sufficiente al tuo progetto. Infine può esserci una mancanza di riservatezza, questi team possono violare l'NDA (accordo di non divulgazione) e rubare i segreti commerciali.

I fattori chiave nel successo dell'outsourcing sono il processo decisionale, i partner, il contratto e la qualità della partnership. La scelta della partnership di outsourcing dovrebbe essere basata su una prospettiva sociale, piuttosto che economica. La qualità della partnership è formata da fattori come la fiducia, l'intesa commerciale, la condivisione dei benefici/rischi, il conflitto e l'impegno (Ates, 2013); e risulta essere influenzata positivamente da fattori come la partecipazione, la comunicazione, la condivisione delle informazioni e il supporto del top management, e negativamente dall'età della relazione e dalla dipendenza reciproca (Lee & Kim, 1999).

Un esempio di questi team sono gli *offshore ISD teams* (team di sviluppo dei sistemi informativi). L'ISD offshore è comunemente usato per lo sviluppo di software. Sempre più imprese esternalizzano queste mansioni a società offshore dove il set di competenze è ottimo e non spinge il budget fuori dai limiti.

Però serve fare molta attenzione. L'outsourcing offshore contemporaneo dello sviluppo di sistemi informativi sta diventando ancora più complesso. Il partner di outsourcing ha iniziato a "ri-esternalizzare" i componenti dei loro progetti ad altre società di outsourcing per minimizzare i costi e guadagnare efficienza (Maduka Nuwangi et al., 2014). Questo significa che alcuni problemi che si possono riscontrare possono essere amplificati.

Un'altra tipologia sono i **team virtuali globali** (GVT). Possono essere definiti come un gruppo di lavoratori, formalmente riconosciuti dall'organizzazione come un team, con membri provenienti da diversi paesi che sono collettivamente responsabili dei risultati nelle varie sedi, e che utilizzano la tecnologia in una certa misura per svolgere il loro lavoro (Gibson & Grushina, 2021) e anche come un gruppo di persone che lavorano su compiti interdipendenti guidati da uno scopo comune attraverso lo spazio, il tempo e i confini organizzativi con una comunicazione principalmente supportata dalla tecnologia piuttosto che di incontri dal vivo (adattato da Maznevski & Chudoba, 2000).

Infine, si possono riscontrare anche **team ibridi** in cui alcune persone lavorano in ufficio e altre a distanza. Potrebbe essere una ottima soluzione per aziende che si occupano di vendite, in cui i venditori lavorano in diverse aree geografiche vicine alla loro clientela, oltre ad aumentare i tassi di conversione, possono così offrire un miglior servizio clienti e assistenza post-vendita.

Esistono più tipi di squadre virtuali ma, come spiegato sopra, solo quando gli obiettivi e i valori dell'azienda sono chiaramente definiti, si può formare una squadra virtuale.

Vantaggi e Svantaggi dei Team Virtuali

I vantaggi dei team virtuali sono simili a quelli del lavoro a distanza e includono, ma non sono limitati a, flessibilità, riduzione dei costi d'ufficio, aumento della produttività, un più ampio bacino di competenze e conoscenze a cui attingere, e infine la capacità di una società di essere operativa e funzionare 24 ore su 24 con team che lavorano virtualmente in diversi fusi orari.

Gli svantaggi dei team virtuali sono che ci potrebbero essere dei guasti tecnologici che ostacolerebbero il lavoro. I team virtuali si affidano a internet e ad altre forme di tecnologia affinché il loro lavoro abbia successo, quando questi sistemi non funzionano il lavoro non può essere completato. Un altro problema in cui le squadre virtuali potrebbero incorrere è la scarsa comunicazione e gestione. Senza leader forti, i team virtuali non avranno la direzione o la motivazione per completare le attività e rimanere fino al completamento degli obiettivi. Suggerimenti su come evitare questi problemi sono discussi di seguito.

Fig. 10: La tecnologia utilizzata per la collaborazione virtuale in team

Come Gestire Efficacemente e Ottimizzare le Prestazioni di un Team Virtuale

Le squadre hanno bisogno di istituire migliori processi organizzativi e protocolli per il modo in cui avviene il lavoro e la comunicazione sul lavoro.

La comunicazione può essere ostacolata poiché le persone non si parlano dal vivo. Per garantire che il management sia in grado di portare avanti il lavoro e raggiungere gli obiettivi dell'azienda è necessario un adattamento. Per gestire meglio il tuo team, i tuoi dipendenti devono essere dotati di una **tecnologia adeguata** in modo che siano in grado di connettersi tra loro e con la direzione. Questo permetterà un flusso di lavoro armonioso e senza interruzioni. La migliore tecnologia non si limita all'hardware, per esempio, computer portatili, tablet o smartphone, ma anche ai software a cui i dipendenti hanno accesso. Dare ai vostri dipendenti le migliori risorse possibili aumenterà la loro capacità di lavorare a distanza e garantirà che stiano producendo un lavoro di qualità.

Il secondo modo per gestire efficacemente un team virtuale è quello di **pianificare le attività** e avere un programma su come devono essere completate. È necessario comunicare chiaramente scadenze e obiettivi realistici affinché il lavoro venga svolto in modo efficace ed efficiente. Per ottimizzare le prestazioni del team virtuale è necessario che il management deleghi i compiti; ciò implica che **ogni ruolo deve essere chiaramente definito** in modo che i dipendenti capiscano cosa ci si aspetta da loro. Tutti devono sapere cosa devono fare, come farlo e quando farlo. Questo responsabilizza le persone e il team sarà in grado di lavorare in modo più efficiente. Il management dovrebbe **creare compiti più piccoli** che fanno parte del quadro più ampio in modo che il lavoro sia gestibile e all'interno di parametri realistici per il completamento. Questo permetterà al lavoro di essere fatto in modo tempestivo e di essere di alta qualità.

I manager dovrebbero anche **tenere traccia** di coloro che stanno svolgendo un ottimo lavoro. Quando si lavora virtualmente è facile che i risultati passino inosservati. Una caratteristica di una buona leadership è la capacità dei manager di riconoscere ciò che i membri stanno portando alla squadra e quando ringraziare gli individui e la squadra. È anche importante per i manager **far mantenere un equilibrio** tra lavoro e vita privata per i loro dipendenti e incoraggiarli a staccare la spina soprattutto quando gli obiettivi sono stati raggiunti. I dipendenti ben riposati produrranno un lavoro migliore nelle ore che hanno a disposizione.

In questo senso, è necessario un cambio di passo in termini di cambiamento culturale, al fine di sostenere i lavoratori e le organizzazioni ad affrontare le sfide poste da questo approccio relativamente nuovo, delimitando i confini tra lavoro e non lavoro e gestire l'aspettativa di costante disponibilità e raggiungibilità (Molino et al. 2020).

Aumentare le Competenze di Collaborazione

Abbiamo visto in precedenza quanto la collaborazione sia importante, ma non avviene nell'immediato tra i membri di un gruppo. Ci vuole tempo e impegno per conoscere i compagni di squadra e stabilire un buon rapporto di lavoro. Ci sono quattro fattori determinanti che possono aiutare e favorire la collaborazione tra i membri: *capacità di comunicazione, capacità di ascolto, intelligenza emotiva e rispetto delle diversità.*

Sviluppare una buona **capacità di comunicazione** è un fattore chiave per tessere buoni rapporti e relazioni. Qualsiasi tipo di comunicazione ci porta a entrare in relazione con gli altri, quindi è molto importante stare attenti a come comunichiamo anche perché il modo in cui noi comunichiamo influisce su ciò che diventiamo. Pensare prima di parlare, scegliere le parole con attenzione ed esprimere le proprie opinioni con rispetto è un buon inizio.

Per comunicare in maniera efficace è necessario sviluppare una buona **capacità di ascolto**, fondamentale anche per una buona collaborazione. Come ci ha insegnato il filosofo greco antico Zenone di Cizio, la ragione per cui abbiamo due orecchie ed una sola bocca è che dobbiamo ascoltare di più e parlare di meno. Qualche secolo più tardi anche Plutarco ha ribadito che la natura ha dato a ciascuno di noi due orecchie ma una lingua sola, perché siamo tenuti ad ascoltare più che a parlare.

Ascoltare, significa anche avere rispetto per l'interlocutore. Non dobbiamo utilizzare l'*ascolto passivo*, utilizzato spesso per scoraggiare chi parla, nemmeno l'*ascolto selettivo* utilizzato solitamente per contrattaccare, bensì l'*ascolto attivo*: la capacità di dare completa attenzione al nostro interlocutore (prestare la massima attenzione sia alla comunicazione verbale che a quella non verbale).

"Quando si travasa qualcosa, la gente inclina e ruota i vasi perché l'operazione riesca bene e non ci siano dispersioni, mentre quando ascolta non impara a offrire se stessa a chi parla e a seguire attentamente, perché non le sfugga nessuna affermazione utile."

Plutarco

L'ascolto attivo ci aiuta a capire veramente l'altro e a comprendere appieno i messaggi comunicati, ci aiuta a instaurare relazioni solide e di fiducia e migliora il passaggio di conoscenze. Ascoltando si impara!

Infine, la capacità di ascolto riduce le tensioni tra i membri, perché chi viene ascoltato, abbassa le sue difese e riduce la sua aggressività.

Il terzo fattore è l'**intelligenza emotiva**; ci sono molte definizioni e riguardano la capacità di riconoscere, utilizzare, comprendere e gestire in modo consapevole le proprie emozioni e quelle degli altri. Però non sono d'accordo. Noi non siamo dei robot che possiamo controllare e gestire le nostre emozioni, ma possiamo controllare e gestire le nostre reazioni davanti una emozione.

L'intelligenza emotiva è un'abilità che ci aiuta a percepire, comprendere e gestire le nostre reazioni e quelle degli altri, quando la mente ci offre una emozione in risposta ad una esperienza che stiamo vivendo.[10]

10. Ci tengo a fare alcune precisazioni. Noi non siamo la nostra mente, siamo una coscienza primordiale. La natura ontologica dell'essere umano è spirituale. Siamo dotati di un sofisticatissimo strumento di bordo che è la nostra mente che ci permette di interagire nel mondo fisico.

La nostra mente ci permette di connetterci alla materia nel

mondo materiale e permette così questa connessione dimensionale tra la nostra dimensione spirituale e la dimensione fisica del mondo materiale.

Quando viviamo una esperienza, la mente ci offre una emozione. Le nostre emozioni ci sono offerte dalla nostra mente come risposta all'esperienza che stiamo facendo. Possiamo reagire con un metodo reattivo (subire la "provocazione") o con un metodo riflessivo: agire come un osservatore esterno, osservare ciò che accade intorno a noi sia a livello ambientale che psichico, prendere coscienza del qui e ora, prendere le distanze dai condizionamenti emotivi, depotenziare le cariche emozionali e contemplare.

Noi non controlliamo e non gestiamo le emozioni, bensì le reazioni.

Questa abilità è utile per comprendere come si sentono gli altri membri del team e capire quando hanno bisogno di aiuto e di supporto. Questo migliora la collaborazione.

Il quarto fattore è il **rispetto per le diversità**. La collaborazione prospera in un ambiente che rispetta le diversità, evita la discriminazione ed è sensibile alle origini etniche e religiose degli altri membri del gruppo.

Abitudini Efficaci per i Team

Ci sono alcune abitudini veramente efficaci in grado di

elevare le prestazioni del team. La prima è **investire del tempo per conoscersi** per sviluppare la capacità di connessione umana. Una volta creata la squadra, ogni membro dovrebbe familiarizzare con l'altro e capire il proprio background personale, le competenze, i limiti e i punti di forza; entrare in contatto con le loro esperienze, saperi e conoscenze. Sarà utile parlare di cose della vita per connettersi a livello umano, incontrarsi fisicamente per divertirsi, giocare e mangiare qualcosa insieme.

La seconda è **essere orientati al successo.** Etimologicamente la parola *"successo"* deriva dal latino *"succedere"* che significa *"andare su"* o *"seguire"*. I dizionari definiscono il successo con il significato di *"riuscire bene"* o *"ottenere un oggetto o finalità desiderata"*.

Da questo punto di vista non c'è una singola misura oggettiva del successo. Esso ha a che fare con la capacità di raggiungere obiettivi. Essenzialmente, *"avere successo"* ha a che fare con lo sviluppo delle abilità e risorse necessarie per ottenere i risultati che desideri.

Gli obiettivi hanno diversi livelli:

- *Livello Ambientale: produrre o possedere qualcosa*

- *Livello Comportamentale: fare qualcosa che desideri oppure vincere una sfida fisica*

- *Livello Capacità: sviluppare o applicare una particolare abilità*

- *Livello Convinzioni e Valori: agire o vivere in accordo con i tuoi principi e la tua filosofia*

- *Livello Identità: diventare un certo tipo di persona o rispondere alla tua vocazione*

- *Livello Vision e Scopo: dare un contributo o "creare un mondo a cui le persone vogliano appartenere"*

Quindi è possibile avere contemporaneamente successo a diversi livelli, oppure averlo ad un livello ma non in altri.

L'orientamento al successo porta a sviluppare un'altra abitudine: **cercare costantemente modi per migliorare.** Questo può essere condividere le migliori pratiche, avere il desiderio di innovare e voler realizzare nuove idee per migliorare il business. Incontrarsi regolarmente per parlare di ciò che funziona e ciò che non funziona. Le squadre dovrebbero dedicare del tempo a farsi domande del tipo *"Cosa possiamo migliorare?"* oppure *"Come possiamo migliorarci?"*. La natura della vita è aspirare a sempre più vita, la nostra natura umana è quella di desiderare una vita migliore, più felice, ricca e abbondante. Essere ispirati a crescere, elevarsi ed avanzare, è onorare la vita.

Un'altra abitudine è avere una **chiarezza mentale** leggendaria su come svolgere la giornata lavorativa: essere focalizzati solo su ciò che è realmente importante; i compiti giornalieri non dovrebbero essere casuali, ma piuttosto passi d'azione specifici che aiutano ad avvicinarsi ad un obiettivo; sapere esattamente cosa fare, come farlo, e quando farlo. La chiarezza mentale aiuta a mantenere in primo piano gli scopi e avere un chiaro senso della missione aziendale.

L'abitudine di **festeggiare i successi** è un'altra grande abitudine. Prima di pensare al prossimo obiettivo, è importante festeggiare. Una volta ottenuto quello che vogliamo, è importante goderselo. Celebrare i successi ci fa fare il pieno di energia e saremo più motivati a raggiungere i prossimi obiettivi.

È buona abitudine fermarsi a riflettere anche sugli elementi che ci hanno permesso di raggiungere quel traguardo, questo ci aiuta a diventare più consapevoli della nostra forza e aumenta la fiducia in noi stessi.

Organizzate una bella cena di gruppo, un viaggio, una esperienza memorabile di qualsiasi tipo o fatevi un regalo. Premiatevi! Condividete la felicità con le persone che avete intorno. Dopo lo sforzo arriva la ricompensa. Dovete riconoscere a voi stessi quello che avete fatto, ed esprimere la vostra gratitudine; vi aiuterà ad aprire altre porte per accogliere altri eventi positivi.

Ma la cosa più importante è non aspettare il raggiungimento di un determinato obiettivo per essere felici. Non importa dove andremo e cosa otterremo, il segreto è godersi il viaggio; godersi ogni singolo momento di questo viaggio straordinario chiamato vita.

Infine, l'abitudine a **essere altamente produttivi.** Evitare il sovraccarico di informazioni, il multitasking e le interruzioni costanti. Sposare il principio della monofocalizzazione e applicare tutte le strategie di produttività espresse in precedenza.

Le Virtù del Team Virtuale

I team dovrebbero avere delle virtù – delle costanti disposizioni d'animo a fare il bene che spingono i membri a impegnarsi per conseguire dei fini elevati – per vivere e lavorare rettamente e in armonia.

Essere coscienti di cosa significa essere membro di una squadra, essere affidabili e assumersi le proprie responsabilità; sviluppare forza e temperanza per non perdere l'equilibrio negli ambienti virtuali; evitare gli insulti; non invadere gli spazi con lo spam;

sviluppare la capacità di attenzione selettiva per non farsi sottrarre l'attenzione; sviluppare la capacità di filtrare le informazioni selezionandole dalle fonti corrette senza conflitti di interessi; non cedere nel conformismo dei social network, quindi non perdere la propria identità ed esaltare la propria unicità; mantenere l'interesse generale sui progetti; avere un dialogo per fissare obiettivi chiari, definire ruoli e responsabilità in anticipo; scendere a compromessi per il miglior interesse del gruppo; pensare e riflettere prima d'agire; non fermarsi davanti alle apparenze; incrementare la capacità critica verso ciò che ci circonda; uscire dall'egocentrismo per consentire uno spirito di gruppo in cui le interazioni diventano significative.

Suggerimenti sui Team Virtuali

La comunicazione è essenziale quando si lavora con e in un team virtuale. Serve fornire istruzioni chiare e avere un supporto tecnologico adeguato. L'utilizzo di tutti gli strumenti di comunicazione disponibili assicura che i membri del team abbiano ogni modo possibile per contattare la direzione. Inoltre, gli strumenti di comunicazione e una programmazione consentiranno una **preparazione più efficace delle riunioni.**

Le riunioni sono molto importanti, ma possono diventare una perdita di tempo. Quindi ecco qualche suggerimento per aumentare la loro efficienza ed efficacia:

- *non programmare una riunione in orari molto produttivi.*

- *la riunione deve avere un orario di inizio e di fine, un programma chiaro e un obiettivo finale ben definito.*

- *iniziare la riunione con un elemento di rottura: 1 minuto di silenzio.*

- *lo svolgimento della riunione deve avvenire in modalità monofocalizzazione e monotasking: esiste solo la riunione, nessuna distrazione, massima concentrazione, rimanere nel momento presente.*

- *essere educati ed avere rispetto per la riunione: eliminare smartphone e tablet dal campo visivo, se non riesci a spengerli perché ne sei dipendente, disattiva almeno le notifiche.*

- *non partecipare alle riunioni che non servono per la crescita dell'azienda e lo sviluppo dei progetti.*

Programmare riunioni non troppo frequenti, ma all'interno di un programma realistico, permetterà ai dipendenti di completare le attività e di disporre di informazioni sufficienti per interagire con la direzione. Questo porterà a una migliore pianificazione per raggiungere gli obiettivi aziendali.

Un buon stile di **leadership** è essenziale nella gestione di un team virtuale. Scegliere dei leader a volte è necessario per dare l'esempio, favorire linee di comunicazione aperte e facilitare le riunioni e i compiti. Un vero leader sarà in grado di selezionare attentamente le persone che sanno che guideranno gli obiettivi dell'azienda e ispireranno gli altri a condividere le loro competenze e conoscenze. I leader forti saranno anche in grado di motivare i loro team e incoraggiare ogni membro nei suoi punti di forza in modo che un obiettivo generale possa essere raggiunto. I membri del team saranno più inclini a impegnarsi e anche questo si tradurrà in un progetto di migliore qualità.

Identificare e massimizzare i **punti di forza** di ogni membro del team è molto importante poiché ogni persona porterà qualcosa di prezioso al progetto. I membri devono svolgere meno compiti amministrativi e devono concentrarsi su ciò in cui sono bravi. Questo si traduce in migliori risultati e soddisfazione nel lungo termine.

Istituire la **giornata della produttività estrema** è una chicca, dove tutti i membri del team tengono i telefoni spenti e non controllano le email. Le persone sanno che non verranno cercate e non cercheranno gli altri in modo da non dare e ricevere interruzioni.

Avere **obiettivi interdipendenti** favorirà la collaborazione perché i membri avranno bisogno l'uno dell'altro per avere successo.

Assicurarsi che ci sia un buon **assortimento di competenze** tra i membri. Abbiamo già affrontato che una squadra con una serie diversificata di abilità, competenze, esperienze e prospettive sarà più forte.

L'**appartenenza** ad una squadra deve essere stabile nel tempo, il team non sviluppa il suo massimo potenziale quando le persone si uniscono e se ne vanno continuamente.

Con un team virtuale, ci sono spesso membri che fanno parte del team che lavorano da postazioni internazionali. Questo porta all'**interazione di diversi tipi di cultura** soprattutto in termini di pratiche commerciali. I leader e i membri dovrebbero mantenere una mente aperta ed essere disposti a capire e a scendere a compromessi. Questo permetterà di costruire una solida base di fiducia e di forgiare relazioni solide e durature.

Promuovere l'**ascolto reciproco** e creare un team di ascoltatori attenti sarà un altro valore aggiunto.

Un buon team virtuale non ha troppi membri e si concentra piuttosto su una comunicazione solida, la capacità di lavorare in modo indipendente e che i membri del team abbiano una buona intelligenza emotiva. Questi fattori sono ciò che permetterà a una squadra di lavorare in modo efficace ed efficiente anche se non stanno lavorando faccia a faccia.

Conclusione

Questa guida ha spiegato in modo approfondito i concetti di smart e remote working, così come le reti collaborative, i gruppi mastermind e come creare team virtuali utilizzando i principi del mastermind. I vantaggi e gli svantaggi di ogni argomento hanno creato un quadro chiaro di come dovreste pianificare la creazione dei vostri team utilizzando modelli di lavoro da remoto o smart.

Il mondo è in continuo cambiamento e questo vale anche per il mondo degli affari. I cambiamenti e le esperienze che il mondo ha vissuto negli ultimi anni hanno ampiamente modificato il modo in cui guardiamo al lavoro e il modo in cui pensiamo di lavorare e risolvere i problemi. Il lavoro a distanza, anche se non è un concetto nuovo, ha guadagnato popolarità ed è in questo periodo che le aziende dovrebbero iniziare a spostare le proprie idee sui modelli di lavoro a distanza. Hanno il potenziale per produrre alcuni dei lavori di miglior qualità, offrendo al contempo flessibilità ai dipendenti per quanto riguarda il luogo, gli orari e spesso anche il tipo di lavoro disponibile.

I Limiti Sono Solo Nella Tua Mente

Usa tutto quello che hai imparato in questo libro per portare innovazione nella tua azienda. Dai nuovi progetti internazionali alle collaborazioni internazionali, ora hai le conoscenze per creare aziende virtuali che aiutano un mercato ancora più grande, ampliando la portata della tua azienda. Espandi il tuo mercato e il tuo business con una migliore base di conoscenze che otterrai attraverso i gruppi mastermind, che vantano membri da tutto il mondo. Comprendere l'importanza dei gruppi e implementarli nella vostra azienda si rivelerà un bene inestimabile.

I gruppi sono in grado di valorizzare le caratteristiche dell'individuo, permettendoti di utilizzare al meglio le tue capacità e quelle degli altri. I gruppi offrono l'opportunità di trovare collaboratori che portano soluzioni, persone che si impegnano a capire i tuoi obiettivi. Ti consentiranno di interagire con persone con diversi set di abilità e livelli di intelligenza, persone che portano soluzioni. Interagirai con una diversità che ha vissuto esperienze diverse e che ha il potenziale per portare risultati migliori.

I limiti, sono solo nella tua mente.

Sono qui seduto sulla mia poltrona ad osservare un cigno nero che è bianco. La perturbazione è inevitabile. L'interruzione della tecnologia è inevitabile. Dovrai rispolverare la tua vanga, collaborare con la terra, cooperare con piante e animali. Se è vero che siamo tutti interconnessi, mi incontrerai in questa pagina al momento opportuno.

Fortunata è la persona, che imparerà a padroneggiare il Potere del Mastermind

Crediti Foto

Fig. 1: *Photo by Marvin Meyer* on Unsplash.com. https://unsplash.com/photos/SYTO3xs06fU

Fig. 2: *Photo by Magnet.me* on Unsplash.com. https://unsplash.com/photos/LDcC7aCWVlo

Fig. 3: *Photo by Daria Mamont* on Unsplash.com. https://unsplash.com/photos/qzdHPRTnawg

Fig. 4: *Photo by LinkedIn Sales Solutions* on Unsplash.com. https://unsplash.com/photos/Be5aVKFv9ho

Fig. 5: *Photo by Jason Goodman* on Unsplash.com. https://unsplash.com/photos/Oalh2MojUuk

Fig. 6: *Photo by LinkedIn Sales Solutions* on Unsplash.com. https://unsplash.com/photos/FCr_Oglkth0

Fig. 7: "Corpo, Biocampo e Campo Elettrico Mentale." by Zeloni Magelli

Fig. 8: *Photo by Brooke Cagle* on Unsplash.com. https://unsplash.com/photos/g1Kr4Ozfoac

Fig. 9: *Photo by Jed Villejo* on Unsplash.com. https://unsplash.com/photos/bEcC0nyIp2g

Fig. 10: *Photo by Gabriel Benois* on Unsplash.com. https://unsplash.com/photos/qnWPjzewewA

Riferimenti Bibliografici

American Chemical Society (2016). *Selecting the right house plant could improve indoor air (animation).* PHILADELPHIA, Aug. 24, 2016 Retrivied from https://www.acs.org/content/acs/en/pressroom/newsreleases/2016/august/selecting-the-right-house-plant-could-improve-indoor-air-animation.html

Afsarmanesh, H., Camarinha-Matos, L. M., (2005). A Framework for Management of Virtual Organization Breeding Environments. In: Collaborative Networks and their Breeding Environments, Springer, pp. 35-48, Valencia, Spain, 26-28 Sept 2005.

Akbar, F., et al. (2019). *Email Makes You Sweat: Examining Email Interruptions and Stress Using Thermal Imaging.* Proceedings of the 2019 CHI Conference on Human Factors in Computing Systems. DOI:10.1145/3290605.3300898

Angulo, P., S., De Benito, J., J., Araúzo, J. A., (n.d.). *An Agent-Based Framework for Selection of Partners in Dynamic Virtual Enterprises.* Framed inside the Project DPI2001-1903, financed by the Spain Ministry of Science and Technology.

Armstrong, M. J. (2017). Improving email strategies to target stress and productivity in clinical practice. *Neurology Clinical Practice.* 2017 Dec; 7(6): 512–517. DOI:10.1212/CPJ.0000000000000395

Ates, M. Fikret. (2013). The Effect of Partnership Quality on Outsourcing Success in Human Resources Functions. *International Journal of Academic Research in Business and Social Sciences*. 3. 10.6007/IJARBSS/v3-i12/487.

Babauta, L. (2009) *The Power of LESS: The 6 Essential Productivity Principles That Will Change Your Life.* Hay House.

Berkley, University of Califorinia. (2021). *When everyone works remotely, communication and collaboration suffer, study finds.* Phys.org. https://phys.org/news/2021-09-remotely-collaboration.html

Bernardi, L. (2018). *Biorisonanza quantistica e riequilibrio energetico.* Progetto Benessere Completo. Retrivied from https://www.progettobenesserecompleto.it/articoli/biorisonanza-quantistica-e-riequilibrio-energetico

Bayern, M. (2019). *Why remote work has grown by 159% since 2005* https://www.techrepublic.com/article/why-remote-work-has-grown-by-159-since-2005/

Bondanini, G., Giorgi, G., Ariza-Montes, A., Vega-Muñoz, A., & Andreucci-Annunziata, P. (2020). Technostress Dark Side of Technology in the Workplace: A Scientometric Analysis. *International journal of environmental research and public health, 17*(21), 8013. https://doi.org/10.3390/ijerph17218013

Bradberry, T. (n.d.). *Multitasking Damages Your Brain and Your Career, New Studies Suggest..* TalentSmart EQ. Retrieved July 7, 2019, from https://www.talentsmart.com/articles/Multitasking-Damages-Your-Brain-and-Your-Career,-New-Studies-Suggest-2102500909-p-1.html

Bradt, S. (2010). *Wandering mind not a happy mind.* The Harvard Gazzette

https://news.harvard.edu/gazette/story/2010/11/wandering-mind-not-a-happy-mind/

Brod C., (1984). Technostress: The Human Cost of the Computer Revolution. Addison-Wesley; Reading, MA, USA: 1984.

Camarinha-Matos, L. M., (2009). Collaborative Networks Contribution to Sustainable Development. In: Proceedings of SWIIS 2009 – *IFAC Workshop on Supplementary Ways for Improving International Stability (invited)*, Bucharest, Romania, 28-30 Oct 2009. ID 10.3182/20091028-3-RO-4007.00020.

Camarinha-Matos, L. M., (2004). Virtual Enterprises and Collaborative Networks: IFIP 18th World Computer Congress TC5/WG5.5 — 5th Working Conference on Virtual Enterprises 22–27 August 2004 Toulouse, France. Springer.

Camarinha-Matos, L. M., & Afsarmanesh, H., (2005). Collaborative Networks: A New Scientific Discipline. Journal of Intelligent Manufacturing 16, 439-452.

Camarinha-Matos, L. M., & Afsarmanesh, H., (n.d.). Collaborative Networks. *IFIP International Federation for Information Processing*, 26–40. https://doi.org/10.1007/0-387-34403-9_4

Camarinha-Matos, L. M., Benaben, F., Picard, W. (2015). Risks and Resilience of Collaborative Networks: 16th IFIP WG 5.5 Working Conference on Virtual Enterprises, PRO-VE 2015, Albi, France, October 5-7, 2015, Proceedings. Springer.

Carciofi, A. (2017). Digital Detox: Focus & Produttività per il manager nell'era delle distrazioni digitali. Milano, Hoelpi.

Centro di Medicina Biologica, (2019). *Biorisonanza quantistica.* Centro di Medicina Biologica. Retrieved from https://www.centrodimedicinabiologica.it/terapie/medicina-quantistica-biorisonanza/

Civil Service College. (2018). *Understanding the differences between teamwork and collaboration.* Civil Service College. https://www.civilservicecollege.org.uk/news-understanding-the-differences-between-teamwork-and-collaboration-203

Clark, M. A., Smith, R. W., Haynes, N. J. (2020). The Multidimensional Workaholism Scale: linking the conceptualization and measurement of workaholism. *Journal of Applied Psychology,* 105(11), 1281. https://doi.org/10.1037/apl0000484

Di Stefano, G. & Gaudiino, M. (2019) Workaholism and work engagement: how are they similar? How are they different? A systematic review and meta-analysis, *European Journal of Work and Organizational Psychology,* 28:3, 329-347, DOI: 10.1080/1359432X.2019.1590337

Dean, K. L. (2013). *Alternative and Complementary Therapies.* Jun 2003.142-145.http://doi.org/10.1089/107628003322017396

Dépincé, P., Chablat, D., Woelk, P-O. (2004). Virtual Manufacturing: Tools for improving Design and Production. *CIRP International Design Seminar,* 2004, Caire, Egypt. pp.1-12.

Fels, D. (2018). The Double-Aspect of Life. *Biology,* 7(2), 28. doi:10.3390/biology7020028

Formisano, M. (2016). *Produttività 300%: Triplica i risultati e Goditi la vita.* Torino, Uno Editori

Franssila, H., Okkonen, J.M., & Savolainen, R. (2014). Email intensity, productivity and control in the knowledge worker's performance on the desktop. *MINDTREK.*

Galeano Sánchez, N., G., Guerra Zubiaga, D., A., Irigoyen González, J., A., Molina, A. (n.d.). *Virtual Breeding Environment: A First Approach to Understand Working and Sharing Principles* Centre for Integrated Manufacturing Systems, Eugenio Garza Sada 2501, 64849 Monterrey, Mexico

Gibson, C. B., Grushina, S. V. (2021). "A Tale of Two Teams: Next Generation Strategies for Increasing the Effectiveness of Global Virtual Teams". *Organizational Dynamics.* Virtual Teams. 50 (1): 100823. doi:10.1016/j.orgdyn.2020.100823. ISSN 0090-2616.

Goleman, D. (2014). *Focus. The Hidden Driver of Ecellence* (trad. it. *Focus: come mantenersi concentrati nell'era della distrazione.* Best BUR, 2016)

Griffin, L. (2019). Network Switching: Definition & Types. *Study.com,* 29 October 2019. Retrieved from https://study.com/academy/lesson/network-switching-definition-types.html.

Griffiths, M. D., Demetrovics, Z., Atroszko, P. A. (2018). Ten myths about work addiction. *Journal of Behavioral Addictions*, 7 (4), 845–857. https://doi.org/10.155 /2006.7.2018.05

Hyken, S. (2021). *The Impact Of The Remote Workforce.* Forbes. https://www.forbes.com/sites/shephyken/2021/02/28/the-impact-of-the-virtual-work-from-home-workforce/.

Jackson, DJ. (2011) *'What is an Innovation Ecosystem?'* National Science Foundation, Arlington, VA

Jones, Timothy T. (2015). *Monitoring Volatile Organic Compounds Removal by Indoor Plants*. 2015 SUNY Undergraduate Research Conference.

Kafatos, M. C., Chevalier, G., Chopra, D., Hubacher, J., Kak, S., & Theise, N. D. (2015). Biofield Science: Current Physics Perspectives. *Global advances in health and medicine*, 4(Suppl), 25–34. https://doi.org/10.7453/gahmj.2015.011.suppl

Kekatos, M. (2021). *Fully remote workers spend 25% less time collaborating, have fewer real-time conversations and decrease hours spent in meetings by 5%, study of Microsoft employees finds*. Dailymail.Com https://www.dailymail.co.uk/health/article-9973963/Fully-remote-workers-spend-25-time-collaborating-fewer-real-time-conversations.html

Keller, G. and Papasan, J. (2018). Il Segreto nella vita è scegliere UNA COSA SOLA su cui concentrarsi per ottenere risultati eccezionali. TEA

Koschtial, C. (2021). Understanding e-Science—What Is It About? DOI:10.1007/978-3-030-66262-2_1 In book: e-Science, Open, Social and Virtual Technology for Research Collaboration (pp.1-9)

Kürümlüoglu, M., Nostdal, R., & Karvonen, I. (2005). Base concepts. In L. M. Camarinha-Matos, H. Afsarmanesh, & M. Ollus (Eds.), VIRTUAL ORGANIZATIONS: SYSTEMS AND PRACTICES (pp. 11-28). Springer.

Lee, Jae-Nam & Kim, Young-Gul (1999) Effect of Partnership Quality on IS Outsourcing Success: Conceptual Framework and Empirical Validation, Journal of Management Information Systems, 15:4, 29-61, DOI: 10.1080/07421222.1999.11518221

Levin, D., Z., Walter, J., Appleyard, M., M. (2011). *Trusted Network-Bridging Ties: A Dyadic Approach to the Brokerage-Closure Dilemma.* http://www.levin.rutgers.edu/research/trusted-bridging-ties-paper.pdf

Lifegate, (2009). *Medicina quantistica: cos'è la cura quantica e come funziona.* Lifegate. Retrieved from https://www.lifegate.it/medicina_quantistica_come_cura

Longqi Yang, David Holtz, Sonia Jaffe, Siddharth Suri, Shilpi Sinha, Jeffrey Weston, Connor Joyce, Neha Shah, Kevin Sherman, Brent Hecht & Jaime Teevan. (2021). The effects of remote work on collaboration among information workers, *Nature Human Behaviour* (2021). DOI: 10.1038/s41562-021-01196-4

Lowrie, Lisa M. (2019). *Exploring the relationships of Email Overload, Stress and Burnout in Social Workers Social Work Doctoral Dissertations.* 9. https://research.library.kutztown.edu/socialworkdissertations/9

Maduka Nuwangi, S., Sedera, D., C. Srivastava, S. and Murphy, G. (2014), "Intra-organizational information asymmetry in offshore ISD outsourcing", *VINE*, Vol. 44 No. 1, pp. 94-120. https://doi.org/10.1108/VINE-04-2013-0023

Mark, G., Iqbal, S. T., Czerwinski, M., Johns, P., Sano, A., Lutchyn, Y. (2016). *Email Duration, Batching and Self-interruption: Patterns of Email Use on Productivity and Stress.* Proceedings of the 2016 CHI Conference on Human Factors in Computing Systems. DOI:10.1145/2858036.2858262

Martínez-Córcoles M., Teichmann M., Murdvee M. (2017). Assessing technophobia and technophilia: Development and validation of a questionnaire. *Technol. Soc.* 2017;51:183–188. doi: 10.1016/j.techsoc.2017.09.007.

Maznevski, M. L. & Chudoba, K. M. (2000). Bridging space over time: Global virtual team dynamics and effectiveness. ORGANIZATION SCIENCE, 11(5), 473–492. https://doi.org/10.1287/orsc.11.5.473.15200

McKusick, E. D. (2014). *Tuning the Human Biofield: Healing with Vibrational Sound Therapy.* Healing Arts Press. Rochester, Vermont.

Miltz, A. (2020). *Remote work frequency before/after COVID-19 2020.* Statista. https://www.statista.com/statistics/1122987/change-in-remote-work-trends-after-covid-in-usa/

Molino, M., Ingusci, E., Signore, F., Manuti, A., Giancaspro, M. L., Russo, V., Zito, M., Cortese, C. G. (2020). Wellbeing Costs of Technology Use during Covid-19 Remote Working: An Investigation Using the Italian Translation of the Technostress Creators Scale. SUSTAINABILITY. 12(15):5911 DOI:10.3390/su12155911

Morkevičiūtė, M. & Endriulaitiene, A. (2021). *Workaholism and Work Addiction: The Differeces in Motivational factors*. October 2021. DOI:10.15388/Soctyr.44.2.6

Muehsam, D., Chevalier, G., Barsotti, T., & Gurfein, B. T. (2015). An Overview of Biofield Devices. *Global advances in health and medicine*, *4*(Suppl), 42–51. https://doi.org/10.7453/gahmj.2015.022.suppl

Newport, C. (2021). *A WORLD WITHOUT EMAIL: REIMAGINING WORK IN AN AGE OF COMMUNICATION OVERLOAD*. USA: PORTFOLIO, PENGUIN.

Niu, D. (2021). *New Hires Suffering in Silence: Two Key Ingredients Missing from Remote Onboarding Programs*. TINYpulse. https://www.tinypulse.com/blog/new-hires-suffering-in-silence-wfh-remote-onboarding

Oates, W.E. (1971). CONFESSIONS OF A WORKAHOLIC: THE FACTS ABOUT WORK ADDICTION. New York: World.

Ouzounis, E. K. (2001). *An Agent-Based Platform for the Management of Dynamic Virtual Enterprises*. Dissertation von der Fakultät Elektrotechnik und Informatik der Technischen. Universität Berlin.

Peeters, C. & Lewin, A. (2006). *Offshoring administrative and technical work: business hype or the onset of fundamental strategic and organizational transformation?*. ULB - Universite Libre de Bruxelles, ULB Institutional Repository.

PMI.it, (2021). *Ufficio, casa o smart working? Le preferenze degli italiani.* https://www.pmi.it/economia/lavoro/350992/home-o-smart-working-le-preferenze-degli-italiani.html

Popp, F. A., & Beloussov, L. V. (Eds.). (2013). *Integrative biophysics: biophotonics*. Springer Science & Business Media.

Prossack, A. (2021). *5 Statistics Employers Need To Know About The Remote Workforce*. Forbes. https://www.forbes.com/sites/ashiraprossack1/2021/02/10/5-statistics-employers-need-to-know-about-the-remote-workforce/?sh=492b3df0655d

Reynolds, B. W. (n.d.). *The Mental Health Benefits of Remote and Flexible Work*. Mental Health America. https://mhanational.org/blog/mental-health-benefits-remote-and-flexible-work

Ribeiro, L., Barata, J. (2006). *New Shop Floor Control Approaches for Virtual Enterprises*. Enterprise and Work Innovation Studies, No. 2, 2006 IET, Monte de Caparica, Portugal

Roe, D., (2021). *Is Remote Working Really Impeding Collaboration and Communication?*. Reworked. https://www.reworked.co/digital-workplace/is-remote-working-really-impeding-collaboration-and-communication/

Rubik, B., Muehsam, D., Hammerschlag, R., & Jain, S. (2015). Biofield Science and Healing: History, Terminology, and Concepts. *Global advances in health and medicine*, *4*(Suppl), 8–14. https://doi.org/10.7453/gahmj.2015.038.suppl

Salanova M., Llorens S., Ventura M. (2014). *Technostress: The dark side of technologies*. In: Korunka C., Hoonakker P., editors. The impact of ICT on Quality of Working Life. Springer; Dordrecht, The Netherlands: pp. 87–103.

Scholkmann, F., Fels, D., & Cifra, M. (2013). Non-chemical and non-contact cell-to-cell communication: a short review. *American journal of translational research*, *5*(6), 586–593.

Scholten, V., Omta, O., Kemp, R., Elfring, T. (2015). Bridging ties and the role of research and start-up experience on the early growth of Dutch academic spin-offs. *Technovation*. Volumes 45–46, November–December 2015, Pages 40-51

Simon, B. (2017). *Collaboration Networks: Bringing Together a Team to Accomplish Your Projects.* Smartsheet https://www.smartsheet.com/collaboration-networks

Tarafdar, M.; Tu, Q.; Ragu-Nathan, T.S. (2010). Impact of technostress on end-user satisfaction and performance. *J. Manag. Inf. Syst.* 2010, 27, 303–334.

Toyoda, M., Yokota, Y., Barnes, M., & Kaneko, M. (2020). Potential of a Small Indoor Plant on the Desk for Reducing Office Workers' Stress. *HORTTECHNOLOGY*, 30, 55-63.

Tracy, B. (2013). *Time Management*. Amacom. (trad. it *Gestione del Tempo*. Milano, Gribaudi, 2015)

Weil, M.M.; Rosen, L.D. (1997). *Technostress: Coping with Technology @Work @Home @Play*; Wiley: New York NY, USA, 1997.

Wolverton, B. B., Nelson M. (2020). "Using plants and soil microbes to purify indoor air: lessons from NASA and Biosphere 2 experiments", *Field Actions Science Reports* [Online], Special Issue 21 | 2020, Online since 24 February 2020, connection on 09 January 2021. URL: http://journals.openedition.org/factsreports/6092

Wolverton, B. C., Johnson, A., Bounds, K. (1989). *Interior Landscape Plants for Indoor Air Pollution Abatement.* NASA. September 15, 1989. https://ntrs.nasa.gov/api/citations/19930073077/downloads/1993 0073077.pdf

Yassa, Morcous M., Hassan, Hesham A., Omara, Fatma A. (2014). Utilizing CommonKADS as Problem-Solving and Decision-Making for Supporting Dynamic Virtual Organization Creation. IAES *International Journal of Artificial Intelligence* (IJ-AI) Vol. 3, No. 1, March 2014, pp. 1~6 ISSN: 2252-8938

Zeloni Magelli, E. (2020). *Miglioramento della Memoria: Il Libro sulla Memoria per Incrementare la Potenza Cerebrale - Cibo e Sane Abitudini per il Cervello per Aumentare la Memoria, Ricordare di Più e Dimenticare di Meno.* Edoardo Zeloni Magelli